浄土真宗本願寺派

日常勤行聖典

解説と聖典意訳

日常勤行聖典《にちじょうごんぎょうせいてん》

目次

浄土真宗の教章（私の歩む道）

宗《しゅう》 名《めい》 浄土真宗《じょうどしんしゅう》

宗《しゅう》 祖《そ》 親鸞聖人《しんらんしょうにん》
（ご開山）

ご誕生《たんじょう》 一一七三年五月二十一日（承安《じょうあん》三年四月一日）

ご往生《おうじょう》 一二六三年一月十六日（弘長《こうちょう》二年十一月二十八日）

宗《しゅう》 派《は》 浄土真宗本願寺派《じょうどしんしゅうほんがんじは》

本《ほん》 山《ざん》 龍谷山《りゅうこくざん》 本願寺《ほんがんじ》（西本願寺《にしほんがんじ》）

本《ほん》 尊《ぞん》 阿弥陀如来《あみだにょらい》（南無阿弥陀仏《なもあみだぶつ》）

聖《せい》 典《てん》 ・釈迦如来《しゃかにょらい》が説《と》かれた「浄土三部経《じょうどさんぶきょう》」
『仏説無量寿経《ぶっせつむりょうじゅきょう》』『仏説観無量寿経《ぶっせつかんむりょうじゅきょう》』『仏説阿弥陀経《ぶっせつあみだきょう》』
・宗祖《しゅうそ》 親鸞聖人《しんらんしょうにん》が著述《ちょじゅつ》された主《おも》な聖教《しょうぎょう》
『正信念仏偈《しょうしんねんぶつげ》』（『教行信証《きょうぎょうしんしょう》』行巻末《ぎょうかんまつ》の偈文《げもん》）

『浄土和讃《じょうどわさん》』『高僧和讃《こうそうわさん》』『正像末和讃《しょうぞうまつわさん》』

・中興《ちゅうこう》の祖《そ》　蓮如上人《れんにょしょうにん》のお手紙《てがみ》

『御文章《ごぶんしょう》』

教義《きょうぎ》

阿弥陀如来《あみだにょらい》の本願力《ほんがんりき》によって信心《しんじん》をめぐまれ、念仏《ねんぶつ》を申《もう》す人生《じんせい》を歩《あゆ》み、この世《よ》の縁《えん》が尽《つ》きるとき浄土《じょうど》に生《う》まれて仏《ぶつ》となり、迷《まよ》いの世《よ》に還《かえ》って人々《ひとびと》を教化《きょうけ》する。

生活《せいかつ》

親鸞聖人《しんらんしょうにん》の教《おし》えにみちびかれて、阿弥陀如来《あみだにょらい》のみ心《こころ》を聞《き》き、念仏《ねん》を称《とな》えつつ、つねにわが身《み》をふりかえり、慚愧《ざんぎ》と歓喜《かんぎ》のうちに、現世祈祷《げんぜきとう》などにたよることなく、御恩報謝《ごおんほうしゃ》の生活《せいかつ》を送《おく》る。

宗門《しゅうもん》

この宗門《しゅうもん》は、親鸞聖人《しんらんしょうにん》の教《おし》えを仰《あお》ぎ、念仏《ねんぶつ》を申《もう》す人々《ひとびと》の集《つど》う同朋教団《どうほうきょうだん》であり、人々《ひとびと》に阿弥陀如来《あみだにょらい》の智慧《ちえ》と慈悲《じひ》を伝《つた》える教団《きょうだん》である。それによって、自他《じた》ともに心豊《こころゆた》かに生《い》きることのできる社会《しゃかい》の実現《じつげん》に貢献《こうけん》する。

浄土真宗《じょうどしんしゅう》の生活信条《せいかつしんじょう》

一《ひと》つ、み仏《ほとけ》の誓《ちか》いを信《しん》じ　尊《とうと》いみ名《な》をとなえつつ
強《つよ》く明《あか》るく生《い》き抜《ぬ》きます

一《ひと》つ、み仏《ほとけ》の光《ひか》りをあおぎ　常《つね》にわが身《み》をかえりみて
感謝《かんしゃ》のうちに励《はげ》みます

一《ひと》つ、み仏《ほとけ》の教《おし》えにしたがい　正《ただ》しい道《みち》を聞《き》きわけて
まことのみのりをひろめます

一《ひと》つ、み仏《ほとけ》の恵《めぐ》みを喜《よろこ》び　互《たがい》にうやまい助《たす》けあい
社会《しゃかい》のために尽《つく》します

正《しょう》信《しん》念《ねん》仏《ぶつ》偈《げ》

正信念仏偈《しょうしんねんぶつげ》

親鸞聖人《しんらんしょうにん》の主著『教行信証《きょうぎょうしんしょう》』六巻の第二巻末にあり、浄土真宗《じょうどしんしゅう》の根本経典《こんぽんきょうてん》たる『無量寿経《むりょうじゅきょう》』および親鸞聖人が讃仰《さんごう》されたインド・中国・日本の七人の高僧（七高僧《しちこうそう》）の事跡や教えの要点を、七字一句、二句一行で六十行一二〇句に要約し讃嘆されたもので、和讃《わさん》とともに五百年以上も前から、僧と俗を問わず、朝夕の勤行《ごんぎょう》として読誦《どくじゅ》されてきました。

和讃《わさん》

親鸞聖人は、浄土真宗の教えを、わかりやすく読誦《とな》えやすい形の詩、三百数十首にまとめられました。これが『三帖和讃《さんじょうわさん》』です。日常は正信偈《しょうしんげ》のあと、念仏とともに六首、ないし八首が唱えられます。

出音ハ調レ

正信念仏偈《しょうしんねんぶつげ》（右 草譜／左 行譜）

盤二声○○

● 帰《き》命《みょう》引 無《む》量《りょう》引 寿《じゅ》如《にょ》来《らい》引

同音 南《な》無《も》不《ふ》可《か》思《し》議《ぎ》光《こう》引

法《ほう》蔵《ぞう》菩《ぼ》薩《さつ》因《いん》位《に》時《じ》引

在《ざい》世《せ》自《じ》在《ざい》王《おう》仏《ぶっ》所《しょ》引

〔①信《しん》の表白《ひょうびゃく》〕

阿弥陀如来《あみだにょらい》（無量寿如来《むりょうじゅにょらい》）に帰依《きえ》（帰命《きみょう》）し奉《たてまつ》り、

阿弥陀如来（不可思議光《ふかしぎこう》）に帰依（南無《なも》）し奉《たてまつ》る。

〔②『無量寿経《むりょうじゅきょう》』に依《よ》って阿弥陀如来の本願をあらわす〕

〔無量寿経には次のように説かれている。〕

阿弥陀如来が未《いま》だ法蔵菩薩《ほうぞうぼさつ》と呼ばれていた修行中（因位《いんに》）の時代に世自在王如来《せじざいおうにょらい》という仏《みほとけ》のもとに在《あ》って、

覩《と》見《けん》諸《しょ》仏《ぶつ》浄《じょう》土《ど》因《いん》引

国《こく》土《ど》人《にん》天《でん》之《し》善《ぜん》悪《まく》引

建《こん》立《りゅう》無《む》上《じょう》殊《しゅ》勝《しょう》願《がん》引

超《ちょう》発《ほっ》希《け》有《う》大《だい》弘《ぐ》誓《ぜい》引

諸仏《しょぶつ》の浄土が建立《こんりゅう》された所以《いわれ》や

それらの浄土や衆生《しゅじょう》の優劣《ゆうれつ》を観察《かんさつ》（覩見《とけん》）し、

〔最高の浄土を建立《こんりゅう》せんとの〕殊《こと》に勝《すぐ》れた誓願《ねがい》を建《た》て

〔一切衆生救済《いっさいしゅじょうきゅうさい》という〕希有《けう》の大弘誓《ちかい》を超発《おこ》された。

五《ご》劫《こう》思《し》惟《ゆい》之《し》摂《しょう》受《じゅ》 引

重《じゅう》誓《せい》名《みょう》声《しょう》聞《もん》十《じっ》方《ぽう》 引

普《ふ》放《ほう》無《む》量《りょう》無《む》辺《へん》光《こう》 引

無《む》碍《げ》無《む》対《たい》光《こう》炎《えん》王《のう》 引

きわめて長い年月《としつき》（五劫《ごこう》）の間、思惟《しゆい》を
かさねて思念《しねん》をまとめ、

〔「重誓偈《じゅうせいげ》」の中《なか》で〕名声《な》を十方世界《じっぽうせかい》に轟《とどろ》
かしめんと重ねて誓い、

普《あまね》く（十二《じゅうに》の光《ひかり》、すなわち）無量《むりょう》の光《ひかり》、
無辺光《きわなきひかり》

無碍光《さえぎるものなきひかり》、無対光《ならびなきひかり》、炎王光《もっともあかるいひかり》、

清《しょう》浄《じょう》歓《かん》喜《ぎ》智《ち》慧《え》光《こう》 引
不《ふ》断《だん》難《なん》思《じ》無《む》称《しょう》光《こう》 引
超《ちょう》日《にち》月《がっ》光《こう》照《しょう》塵《じん》刹《せつ》 引
一《いっ》切《さい》群《ぐん》生《じょう》蒙《む》光《こう》照《しょう》 引

清浄《しょうじょう》な光《ひかり》、歓喜《よろこび》の光《ひかり》、智慧《ちえ》の光《ひかり》、
断《た》えること無《な》き光《ひかり》、不可思議《ふかしぎ》の光《ひかり》、称《たと》え
ようのない光《ひかり》、
日月《にちげつ》をも超えた光《ひかり》を放《はな》って無数の世界
（塵刹《じんせつ》）を照《て》らしておられる。
生きとし生けるもの（一切《いっさい》の群生《ぐんじょう》）は、
その光《ひかり》に照らされているのである。

本《ほん》願《がん》名《みょう》号《ごう》正《しょう》定《じょう》業《ごう》 引

至《し》心《しん》信《しん》楽《ぎょう》願《がん》為《に》因《いん》 引

成《じょう》等《とう》覚《がく》証《しょう》大《だい》涅《ね》槃《はん》 引

必《ひっ》至《し》滅《めつ》度《ど》願《がん》成《じょう》就《じゅ》 引

〔一切衆生《いっさいしゅじょう》を救済せんとの阿弥陀如来の〕本願〔によって成就《じょうじゅ》された〝南無阿弥陀仏《なもあみだぶつ》〟という〕名号《みな》こそは、私の往生の正《まさ》しく定《さだ》まる業因《たね》であり、

〔四十八願の中の第十八願〕至心信楽《ししんしんぎょう》の願《がん》こそが〔私たちの往生浄土《おうじょうじょうど》の〕因《いん》である。

私たちが仏《ほとけ》となるべき身（等覚《とうがく》）と定まり、迷いの心《こころ》の焔《ほのお》が消える（証大涅槃《しょうだいねはん》）のも、

仏《みほとけ》の誓い〔四十八願の中の第十一願、必至《ひっし》滅度《めつど》の願《がん》〕によるのである。

如《にょ》来《らい》所《しょ》以《い》興《こう》出《しゅっ》世《せ》

唯《ゆい》説《せつ》弥《み》陀《だ》本《ほん》願《がん》海《かい》

五《ご》濁《じょく》悪《あく》時《じ》群《ぐん》生《じょう》海《かい》

応《おう》信《しん》如《にょ》来《らい》如《にょ》実《じつ》言《ごん》

釈迦如来《しゃかにょらい》がこの世にお生まれになった目的は、

ただ阿弥陀如来の大慈悲《だいじひ》（本願海《ほんがんかい》）を説かんがためである。

汚濁《おじょく》に満ちた今の世（五濁悪時《ごじょくあくじ》）の衆生《しゅじょう》たち（群生海《ぐんじょうかい》）よ、

まさに釈迦如来のこの真実の教えを信ずべきである。

能《のう》発《ほっ》一《いち》念《ねん》喜《き》愛《あい》心《しん》 引

不《ふ》断《だん》煩《ぼん》悩《のう》得《とく》涅《ね》槃《はん》 引

凡《ぼん》聖《じょう》逆《ぎゃく》謗《ほう》斉《さい》回《え》入《にゅう》 引

如《にょ》衆《しゅ》水《しい》入《にゅう》海《かい》一《いち》味《み》 引

〔仏《みほとけ》によって救われてゆく身の幸せを〕喜ぶ心が発《おこ》れば、

迷《まよ》いの身のままで（煩悩《ぼんのう》を断《た》ちきらずに）、〔生命《いのち》が終《お》わるとき〕必《かなら》ず仏《ほとけ》となることができる（涅槃《ねはん》を得《う》る）。

凡夫《ぼんぶ》も聖者《せいじゃ》も仏法《ぶっぽう》を謗《そし》るなどの極悪人《ごくあくにん》も、〔回心《えしん》すれば〕斉《ひと》しく（涅槃《ねはん》の境地《きょうち》）に入る。

さまざまな川の流れ（衆水《しゅうすい》）が海に入ると一味《ひとつあじ》の海水《かいすい》になるのと同じである。

摂《せっ》取《しゅ》心《しん》光《こう》常《じょう》照《しょう》護《ご》 引

已《い》能《のう》雖《すい》破《は》無《む》明《みょう》闇《あん》 引

貪《とん》愛《ない》瞋《しん》憎《ぞう》之《し》雲《うん》霧《む》 引

引 常《じょう》覆《ふ》真《しん》実《じっ》信《しん》心《じん》天《てん》 引

阿弥陀如来の大慈悲（摂取《すくい》の心《こころ》の光《ひかり》）は常に（我《われ》らを）照《て》らし護《まも》り、

心の闇《やみ》を打ち破ってくださるのに、

貪愛《よく》や瞋憎《にくしみ》などの心の雲霧《くもきり》が

常に浄《きよ》らかな信心《しんじん》を覆《おお》っている。

譬《ひ》如《にょ》日《にっ》光《こう》覆《ふ》雲《うん》霧《む》 引

雲《うん》霧《む》之《し》下《げ》明《みょう》 引 無《む》闇《あん》 引

獲《ぎゃく》信《しん》見《けん》敬《きょう》大《だい》慶《きょう》喜《き》 引

即《そく》横《おう》超《ちょう》截《ぜっ》五《ご》悪《あく》趣《しゅ》 引

〔しかし、たとえば〕恰《あたか》も、太陽が、雲や霧に覆《おお》われても、

雲や霧の下が暗闇《くらやみ》ではないのと同じである。

信仰を得《え》て、仏《みほとけ》を思い、仏を敬《うやま》い、心に大きな喜びを抱《いだ》くならば、

即《すみやか》に迷《まよ》いの世界（地獄などの五悪趣《ごあくしゅ》）を超《ちょう》越《えつ》することができる。

一切《いっさい》善悪《ぜんまく》凡夫人《ぼんぶにん》 引

聞信《もんしん》如来《にょらい》弘誓願《ぐぜいがん》 引

仏言《ぶつごん》広大《こうだい》勝解者《しょうげしゃ》 引

是人《ぜにん》名《みょう》分陀利華《ふんだりけ》 引

善人であっても、悪人であっても、

阿弥陀如来の本願を信じる者をば

釈迦如来は勝《すぐ》れた智慧《ちえ》ある人と呼び、

最も美しい花（分陀利華《ふんだりけ》＝白蓮華《びゃくれんげ》）と名づけたまう。

―弥《み》陀《だ》仏《ぶっ》本《ほん》願《がん》念《ねん》仏《ぶっ》 引

邪《じゃ》見《けん》憍《きょう》慢《まん》悪《なく》衆《しゅ》生《じょう》 引

信《しん》楽《ぎょう》受《じゅ》持《じ》甚《じん》以《に》難《なん》 引

難《なん》中《ちゅう》之《し》難《なん》無《む》過《か》斯《し》 引

阿弥陀如来の本願に基《もとづ》く念仏《ねんぶつ》の教えは、

心ゆがみ、憍《おご》り高《たか》ぶる悪人にとっては、

これを信じ、喜び、奉《ほう》ずることは、甚《はなは》だ難《むずか》しい。

こんなに難しいことはない。

印《いん》度《ど》西《さい》天《てん》之《し》論《ろん》家《げ》

中《ちゅう》夏《か》日《じち》域《いき》之《し》高《こう》僧《そう》

顕《けん》大《だい》聖《しょう》興《こう》世《せ》正《しょう》意《い》

明《みょう》如《にょ》来《らい》本《ほん》誓《ぜい》応《おう》機《き》

〔③七人の高僧《こうそう》の著述《ちょじゅつ》に依《よ》って阿弥陀如来の本願を説き示す〕

インドの聖者《せいじゃ》たちや

中国や日本の高僧たちは、

釈迦如来（大聖《だいしょう》）がこの世にお生まれになった（興世《こうせ》の）本当の目的（正意《しょうい》）を顕《あきら》かにし、

阿弥陀如来の本誓《ちかい》こそが、我等《われら》末世《まっせ》の衆《しゅ》生《じょう》（機《き》）に相応《ふさわ》しいことを明《あきら》かにされた。

釈《しゃ》迦《か》如《にょ》来《らい》楞《りょう》伽《が》山《せん》引
為《い》引衆《しゅ》引告《ごう》引命《みょう》引南《なん》天《てん》竺《じく》引
龍《りゅう》樹《じゅ》大《だい》引士《じ》出《しゅっ》於《と》世《せ》引
悉《しつ》能《のう》摧《ざい》破《は》有《う》無《む》見《けん》引

〔一、龍樹菩薩《りゅうじゅぼさつ》（紀元二～三世紀の人、主として南インドで活躍）を讃《たた》えて〕
釈迦如来は楞伽山《りょうがせん》において、
人びとに向《む》かい〔次のように〕お告《つ》げになった。〔即ち〕「南インドに
龍樹菩薩《りゅうじゅぼさつ》が生まれ、
〔〃一切《いっさい》は空《くう》なり〃と教えて、〕さまざまな（有無《うむ》の）邪見《じゃけん》を悉《ことごと》く摧《う》ち破《やぶ》るであろう。

宣《せん》説《ぜつ》大《だい》乗《じょう》無《む》上《じょう》法《ほう》 引

証《しょう》歓《かん》喜《ぎ》地《じ》生《しょう》安《あん》楽《らく》 引

顕《けん》示《じ》難《なん》行《ぎょう》陸《ろく》路《ろ》苦《く》 引

信《しん》楽《ぎょう》易《い》行《ぎょう》水《しい》道《どう》楽《らく》 引

大乗仏教《だいじょうぶっきょう》を説《と》きひろめ

菩薩の位《くらい》（歓喜地《かんぎじ》）に入《い》り、極楽世界《ごくらくせかい》（安《あん》楽《らく》）に生まれるであろう」と。

〔やがて龍樹菩薩は〕仏道《ぶつどう》の修行は陸路《りくろ》の旅のように苦しいことを示し、

大船《だいせん》に乗って水路《すいろ》を旅するような易《やさ》しい行《みち》である〔念仏の教え〕を信じ喜ばれた。

憶《おく》念《ねん》弥《み》陀《だ》仏《ぶっ》本《ほん》願《がん》

自《じ》然《ねん》即《そく》時《じ》入《にゅう》必《ひつ》定《じょう》

唯《ゆい》能《のう》常《じょう》称《しょう》如《にょ》来《らい》号《ごう》

応《おう》報《ほう》大《だい》悲《ひ》弘《ぐ》誓《ぜい》恩《おん》

阿弥陀如来の本願《ちかい》を憶念《おも》うとき、

おのずから、即《ただち》に、仏《ほとけ》となることが定《さだ》まる身となる。

〔だから〕唯《た》だ常《つね》に声に出して念仏し、

〔阿弥陀如来の〕大慈悲の御恩《ごおん》に感謝すべきである。

天《てん》親《じん》菩《ぼ》薩《さつ》造《ぞう》論《ろん》説《せつ》 引

帰《き》命《みょう》無《む》碍《げ》光《こう》如《にょ》来《らい》 引

依《え》修《しゅ》多《た》羅《ら》顕《けん》真《しん》実《じつ》 引

光《こう》闡《せん》横《おう》超《ちょう》大《だい》誓《せい》願《がん》 引

〔二、天親菩薩《てんじんぼさつ》（四～五世紀の人、主として西北インドで活躍）を讃《たた》えて〕

天親菩薩《てんじんぼさつ》は『浄土論《じょうどろん》』を造《つく》り
阿弥陀仏《あみだぶつ》（無碍光如来《むげこうにょらい》）に帰依《きえ》し奉《たてまつ》り
修多羅《しゅたら》（＝経典＝『無量寿経《むりょうじゅきょう》』）に依《よ》って
み仏《ほとけ》の心《こころ》（真実）を顕《あらわ》し、
阿弥陀如来の救いの教え（横超《おうちょう》の大誓願《だいせいがん》）
を明《あき》らかにされた。

引 広《こう》ー由《ゆ》本《ほん》願《がん》力《りき》回《え》向《こう》 引

為《い》度《ど》群《ぐん》生《じょう》彰《しょう》一《いっ》心《しん》 引

帰《き》入《にゅう》功《く》徳《どく》大《だい》宝《ほう》海《かい》 引

必《ひつ》獲《ぎゃく》入《にゅう》大《だい》会《え》衆《しゅ》数《しゅ》 引

広く阿弥陀如来の大慈悲のはたらき（本《ほん》願力回向《がんりきえこう》）に基《もと》づいて、

衆生《しゅじょう》を済度《さいど》せんが為《ため》、仏《みほとけ》への一向《ひたむき》の帰依《きえ》の心の大切さを教えたまう。

阿弥陀如来（功徳《くどく》の大宝海《だいほうかい》）に帰依することによって、

必ずや浄土の聖《せい》なる衆《ひとびと》の仲間（大会衆《だいえしゅう》の数《かず》）に入《い》ることができ、

得《とく》至《し》蓮《れん》華《げ》蔵《ぞう》世《せ》界《かい》 引

即《そく》証《しょう》真《しん》如《にょ》法《ほっ》性《しょう》身《じん》 引

遊《ゆう》煩《ぼん》悩《のう》林《りん》現《げん》神《じん》通《ずう》 引

入《にゅう》生《しょう》死《じ》園《おん》示《じ》応《おう》化《げ》 引

極楽世界（蓮華蔵世界《れんげぞうせかい》）に至《いた》れば

ただちに仏《ほとけ》（真如法性身《しんにょほっしょうしん》）となり、

悩み多き世界（煩悩《ぼんのう》の林《はやし》）に還《かえ》り来《き》ては自由自在に人を導《みちび》き（神通《じんづう》を現《あらわ》し）

迷いの世界（生死《しょうじ》の薗《その》）に入りては、相手に応じた方法で救いの働きをする（応化《おうげ》を示《しめ》す）。

本《ほん》師《し》曇《どん》鸞《らん》梁《りょう》天《てん》子《し》 引

常《じょう》向《こう》鸞《らん》処《しょ》菩《ぼ》薩《さつ》礼《らい》 引

三《さん》蔵《ぞう》流《る》支《し》授《じゅ》浄《じょう》教《きょう》 引

焚《ぼん》焼《じょう》仙《せん》経《ぎょう》帰《き》楽《らく》邦《ほう》 引

〔三、曇鸞大師《どんらんたいし》（五〜六世紀南北朝時代北シナで活躍）を讃《たた》えて〕

我が師、曇鸞大師《どんらんだいし》は、梁《りょう》の天子《てんし》・武帝《ぶてい》が、常《つね》に大師《だいし》の在《ま》します方角に向《む》かい、〝菩《ぼ》薩《さつ》よ〟と礼拝《らいはい》された。

〔かつて不老長生《ふろうちょうせい》の秘法《ひほう》を学んでいたとき、インドから渡来した〕三蔵法師《さんぞうほうし》・菩提流支《ぼだいるし》に経典（『観無量寿経《かんむりょうじゅきょう》』）を授《さず》けられ、神仙《しんせん》の秘法（仙経《せんぎょう》）を焼き捨てて、阿弥陀如来の浄土（楽邦《らくほう》）に生まれんと願う念仏者となった。

天親《てんじん》菩薩《ぼさつ》論註解《ろんちゅうげ》 引
報土《ほうど》因果《いんが》顕誓願《けんせいがん》 引
往還《おうげん》回向《ねこう》由他力《ゆたりき》 引
正定之因《しょうじょうしいん》唯信心《ゆいしんじん》 引

天親菩薩の『浄土論』を註釈《ちゅうしゃく》して（『浄《じょう》土論註《どろんちゅう》』を著《あらわ》し）、

私たちが仏《みほとけ》の国（報土《ほうど》）に生《う》まれるのも、成仏の結果として衆生を済度するのも、すべての仏《みほとけ》の誓願《ちかい》によることを顕《あきら》かにし、

浄土に往《ゆ》くのも、仏《ほとけ》となって衆生《しゅじょう》を導くのも、すべて阿弥陀如来の誓願《せいがん》・他力《たりき》に由《よ》るのであり、

必《かなら》ず仏《ほとけ》になる身《み》と定《さだ》まる（正定《しょうじょう》）のは唯《ただ》ただ信心《しんじん》に因《よ》るとお説きになった。

惑《わく》染《ぜん》凡《ぼん》夫《ぶ》信《しん》心《じん》発《ぽっ》

証《しょう》知《ち》生《しょう》死《じ》即《そく》涅《ね》槃《はん》

必《ひっ》至《し》無《む》量《りょう》光《こう》明《みょう》土《ど》

諸《しょ》有《う》衆《しゅ》生《じょう》皆《かい》普《ふ》化《け》

心まどい、悪《あく》に染《そ》まった者でも、信心《しんじん》を発《おこ》せば、

まよい（生死《しょうじ》）の身のままに、さとり（涅槃《ねはん》）を得《う》ることを教えたまい、

必《かなら》ずや仏《みほとけ》の国（無量光明土《むりょうこうみょうど》）に至《いた》って

あらゆる衆生《しゅじょう》を救済《きゅうさい》（普化《ふけ》）する身《み》〔仏《ほとけ》〕となることを示された。

道《どう》綽《しゃっ》決《けっ》聖《しょう》道《どう》難《なん》証《しょう》　引

唯《ゆい》明《みょう》浄《じょう》土《ど》可《か》通《つう》入《にゅう》　引

萬《まん》善《ぜん》自《じ》力《りき》貶《へん》勤《ごん》修《しゅ》　引

円《えん》満《まん》徳《とく》号《ごう》勧《かん》専《せん》称《しょう》　引

〔四、道綽禅師《どうしゃくぜんじ》（六～七世紀、隋・唐の時代 中国北部で活躍）を讃《たた》えて〕

道綽禅師《どうしゃくぜんじ》は〔今の時代に〕修行による成《じょう》仏《ぶつ》（聖道門《しょうどうもん》）が不可能に近いことを指摘し、

ただ念仏の道《みち》（浄土門《じょうどもん》）のみがそれを可能にすることを明《あき》らかにし、

自力の行に励むことを貶《しりぞ》け、

仏《みほとけ》の名《な》（円満徳号《えんまんとくごう》）を専《もっぱ》ら称《とな》えること〔念仏〕をお勧《すす》めになった。

引三《さん》ー不《ぷ》三《さん》信《しん》誨《け》慇《おん》懃《ごん》引

像《ぞう》末《まつ》法《ほう》滅《めつ》同《どう》引ー悲《ひ》引《いん》引

一《いっ》生《しょう》造《ぞう》悪《あく》値《ち》弘《ぐ》誓《ぜい》引

次第にゆっくり

至《し》安《あん》引養《にょう》引界《がい》引証《しょう》引妙《みょう》引果《か》引

〔また禅師《ぜんじ》は曇鸞《どんらん》大師がお説きになった〕何がまことの信心《しんじん》か（三信《さんしん》と三不信《さんふしん》）を慇懃《ねんごろ》に誨《さと》し

末法《まっぽう》の世《よ》の人びと（像末法滅《ぞうまつほうめつ》）を同《ひと》しく悲《あわれ》み引《みちび》き、

一生涯悪《いっしょうがいあく》を行《おこな》いつづけた極悪人《ごくあくにん》でも、仏《みほとけ》の弘誓《ちかい》を仰《あお》ぐ身《み》となれば、

浄土（安養界《あんにょうかい》）に生まれて仏《ほとけ》となる（妙《みょう》果《か》を証《しょう》す）と教えたまう。

出音ハ調ソ

●善導《ぜんどう》独明仏《どくみょうぶっ》正意《しょうい》

同音　矜哀定散《こうあいじょうさん》与《よ》逆悪《ぎゃくあく》

光明名号《こうみょうみょうごう》顕因縁《けんいんねん》

開入《かいにゅう》本願大《ほんがんだい》智海《ちかい》

〔五、善導大師《ぜんどうだいし》（七世紀、唐の都・長安で念仏をひろめた学僧）を讃《たた》えて〕

善導大師《ぜんどうだいし》は〔それまでの学者の中で〕ただ
独《ひと》り、仏《みほとけ》の真意《しんい》を明《あき》らかにし、

あらゆる衆生《しゅじょう》（定善《じょうぜん》の人、散善《さんぜん》の人、およ
び逆悪《ぎゃくあく》の人びと）を矜哀《あわれ》んで、

仏《みほとけ》の光明《ひかり》と名号《みな》こそ、〔私たちの浄土往生
の〕因縁《いんねん》であることを示された。

その仏《みほとけ》の大きな誓願《ちかい》（本願大智海《ほんがんだいちかい》）を明《あき》
らかに知れば、

行《ぎょう》者《じゃ》正《しょう》受《じゅ》金《こん》剛《ごう》心《しん》

慶《きょう》喜《き》一《いち》念《ねん》相《そう》応《おう》後《ご》

与《よ》韋《い》提《だい》等《とう》獲《ぎゃく》三《さん》忍《にん》

即《そく》証《しょう》法《ほっ》性《しょう》之《し》常《じょう》楽《らく》

その念仏行者《ぎょうじゃ》は正《まさ》しく金剛《こんごう》のように堅固《けんご》な信心を得《え》て、

慶喜《よろこび》の心《こころ》が起《おこ》ったとき

韋提希夫人《いだいけぶにん》〔釈尊《しゃくそん》の教えによって救われた古代インド・王舎城《おうしゃじょう》の王妃《おうひ》〕と同じく三忍《さんにん》〔仏《ほとけ》となるための三種の智慧《ちえ》〕を得《え》、

永遠のさとりの楽しみ（法性《ほっしょう》の常楽《じょうらく》）を得《う》るのである〔と述《の》べられた〕。

源《げん》信《しん》広《こう》開《かい》一《いち》代《だい》教《きょう》　引
偏《へん》帰《き》安《あん》養《にょう》勧《かん》一《いっ》切《さい》　引
専《せん》雑《ぞう》執《しゅう》心《しん》判《はん》浅《せん》深《じん》　引
下ル
報《ほう》化《け》二《に》土《ど》正《しょう》弁《べん》立《りゅう》　引

〔六、源信和尚《げんしんかしょう》（比叡山の横川《よかわ》に住み、念仏をすすめた平安時代の学僧）を讃《たた》えて〕

源信和尚《げんしんかしょう》は、釈尊一代《しゃくそんいちだい》のさまざまな教《みおし》えの中から

ひたすら念仏せよとの教《おし》えをば人びとに勧《すす》め、

専修念仏《せんじゅねんぶつ》（専《せん》）と雑行雑修《ぞうぎょうざっしゅ》（他の各種の修行）との優劣（浅深《せんじん》）を判定し、

仏《みほとけ》の国にも報土《ほうど》〔専修念仏者《せんじゅねんぶっしゃ》の生まれる浄土〕と化土《けど》〔雑行雑修《ぞうぎょうざっしゅ》の人の生まれる浄土〕の二種あることを弁《の》べられた。

極《ごく》重《じゅう》悪《あく》人《にん》唯《ゆい》称《しょう》仏《ぶつ》 引

我《が》亦《やく》在《ざい》引 彼《ひ》摂《せっ》取《しゅ》中《ちゅう》 下ル引

煩《ぼん》悩《のう》障《しょう》眼《げん》雖《すい》不《ふ》見《けん》 引

下ル引 大《だい》悲《ひ》無《む》倦《けん》常《じょう》照《しょう》我《が》 引

いかなる悪人も、ただ念仏せよ。

我等《われら》も亦《また》、仏《みほとけ》の摂取《すくい》の中に在《あ》り。

煩悩《まよい》によって眼《まなこ》を障《おおわ》れて見えずと雖《いえど》も、

仏《みほとけ》の大慈悲は倦《う》むこと無《な》く常《つね》に私を照《て》らしたまう。

本《ほん》師《し》源《げん》空《くう》明《みょう》仏《ぶっ》教《きょう》　引

憐《れん》愍《みん》善《ぜん》悪《まく》凡《ぼん》夫《ぶ》人《にん》　引

真《しん》宗《しゅう》教《きょう》証《しょう》興《こう》片《へん》州《しゅう》　引

下ル
選《せん》択《じゃく》本《ほん》願《がん》弘《ぐ》悪《あく》世《せ》　引

〔七、源空上人《げんくうしょうにん》（親鸞聖人の直接の師法然上人のこと）を讃《たた》えて〕

我が師・源空上人《げんくうしょうにん》は、仏《みほとけ》の教えを明《あき》らかにし、

すべての人びと（善悪《ぜんあく》の凡夫人《ぼんぶにん》）を憐愍《あわれ》んで

真実の宗教（真宗教証《しんしゅうきょうしょう》）を日本の国に興《おこ》し、

仏《みほとけ》の選び択《と》られた根本の誓願《ちかい》〔念仏往生《ねんぶつおうじょう》の願《がん》〕を濁悪《じょくあく》の世《よ》に弘められた。

還《げん》来《らい》生《しょう》死《じ》輪《りん》転《でん》家《げ》

決《けっ》以《ち》疑《ぎ》情《じょう》為《い》所《しょ》止《し》

速《そく》入《にゅう》寂《じゃく》静《じょう》無《む》為《い》楽《らく》

必《ひっ》以《ち》信《しん》心《じん》為《い》能《のう》入《にゅう》

迷いの世界を往《ゆ》き来《き》して流転輪廻《るてんりんね》から逃《のが》れられないのは、

仏《みほとけ》の誓願《ちかい》を疑うからである。

速《すみ》やかに仏《みほとけ》の国に生まれて窮極《きゅうきょく》の幸《しあわせ》(無為《むい》の楽《らく》)を得《う》るのは、

必ず信心によるのである。

弘《ぐ》経《きょう》大《だい》士《じ》宗《しゅう》師《し》等《とう》
拯《じょう》済《さい》無《む》辺《へん》極《ごく》濁《じょく》悪《あく》
道《どう》俗《ぞく》時《じ》衆《しゅう》共《ぐ》同《どう》心《しん》
次第にゆっくり
唯《ゆい》可《か》信《しん》斯《し》高《こう》僧《そう》説《せつ》○
鏧一声

〔④結び〕

念仏往生の教《みおし》えを弘められた菩《ぼ》薩《さつ》大《だい》士《じ》〔龍樹《りゅうじゅ》、天親《てんじん》〕や高僧《こうそう》〔曇鸞《どんらん》、道《どう》綽《しゃく》、善導《ぜんどう》、源信《げんしん》、源空《げんくう》〕たちは

限《かぎ》り無《な》く多い極悪人《ごくあくにん》たちを拯済《すく》いたまう。

今の世の僧侶も俗人も心を同じくして

ただこれら七高僧《しちこうそう》の教《みおしえ》を信ずべきである。

初重ハ調レ

●南《な》無《も》阿《あ》弥《み》陀《だ》ん仏《ぶ》

同音

南《な》無《も》阿《あ》弥《み》陀《だ》ん仏《ぶ》

南《な》無《も》阿《あ》弥《み》陀《だ》ん仏《ぶ》

南《な》無《も》阿《あ》弥《み》陀《だ》ん仏《ぶ》

南《な》無《も》阿《あ》弥《み》陀《だ》ん仏《ぶ》

南《な》無《も》阿《あ》弥《み》陀《だ》ん仏《ぶ》

南《な》

一首目　ハ調レ

●弥陀成仏《みだじょうぶつ》のこのかたは

同音

いまに十劫《じっこう》をへたまへ《え》り

法身《ほっしん》の光輪《こうりん》きは《わ》もなく

世《せ》の盲冥《もうみょう》をてらすなり

南《な》無《も》阿《あ》弥《み》陀《だ》仏《ぶ》

南《な》無《も》阿《あ》弥《み》陀《だ》仏《ぶ》

南《な》無《も》阿《あ》弥《み》陀《だ》仏《ぶ》

南《な》無《も》阿《あ》弥《み》陀《だ》仏《ぶ》

南《な》

二首目　ハ調レ

●智慧《ちえ》の光明《こうみょう》はかりなし

同音　有量《うりょう》の諸相《しょそう》ことごとく

光暁《こうけう》(ワル)かふらぬものはなし

真実明《しんじつみょう》に帰命《きみょお》せよ

南《な》無《も》阿《あ》弥《み》陀《だ》仏《ぶ》

南《な》無《も》阿《あ》弥《み》陀《だ》仏《ぶ》

南《な》無《も》阿《あ》弥《み》陀《だ》仏《ぶ》

南《な》無《も》

二重ハ調ミ

●阿弥陀仏
（あみんだぶ）

同音
南無阿弥陀仏
（なもあみだぶ）

南無阿弥陀仏
（なもあみだぶ）

南無阿弥陀仏
（なもあみだぶ）

南無阿弥陀仏
（なもあみだぶ）

南無阿弥陀仏
（なもあみだぶ）

南無阿弥陀仏
（なもあみだぶ）

南
（な）

三首目 八調ミ

●解脱《げだつ》の光輪《こうりん》きは《わ》もなし

同音 光触《こうそく》かふ《む》るものはみな

有無《うむ》をはなるとのべたまふ《もお》

平等覚《びょうどうかく》に帰命《きみょお》せよ

南《な》無《も》阿《あ》弥《み》陀《だ》仏《ぶ》

南《な》無《も》阿《あ》弥《み》陀《だ》仏《ぶ》

南《な》無《も》阿《あ》弥《み》陀《だ》仏《ぶ》

南《な》無《も》阿《あ》弥《み》陀《だ》仏《ぶ》

南《な》

四首目 ハ調レ

●光雲無碍如虚空《こううんむげにょこくう》

同音

一切《いっさい》の有碍《うげ》にさは《わ》りなし

光沢《こうたく》かふ《む》らぬものぞなき

難思議《なんじぎ》を帰命《きみょお》せよ

南《な》無《も》阿《あ》弥《み》陀《だ》仏《ぶ》

南《な》無《も》阿《あ》弥《み》陀《だ》仏《ぶ》

南《な》無《も》阿《あ》弥《み》陀《だ》仏《ぶ》

三重ハ調ラ

南《な》無《も》阿《あ》弥《み》陀《だ》ん仏《ぶ》

同音

南《な》無《も》阿《あ》弥《み》陀《だ》ん仏《ぶ》

南《な》無《も》阿《あ》弥《み》陀《だ》ん仏《ぶ》

南《な》無《も》阿《あ》弥《み》陀《だ》ん仏《ぶ》

南《な》無《も》阿《あ》弥《み》陀《だ》ん仏《ぶ》

南《な》無《も》阿《あ》弥《み》陀《だ》ん仏《ぶ》

南《な》無《も》阿《あ》弥《み》陀《だ》ん仏《ぶ》

南《な》

・清浄光明ならびなし
（しょうじょう　こうみょう）

同音
遇斯光のゆへなれば
（ぐし　こう）

一切の業繋ものぞこりぬ
（いっさい　ごっけ）

畢竟依を帰命せよ
（ひっきょうえ　きみょう）

南無阿弥陀仏
（なもあみだぶ）

南無阿弥陀仏
（なもあみだぶ）

南無阿弥陀仏
（なもあみだぶ）

南無阿弥陀仏
（なもあみだぶ）

南
（な）

六首目　ハ調ソ

●仏《ぶっ》光《こう》照《せう》(フル)曜《えう》(フル)最《さい》第《だい》一《いち》

同音　光《こう》炎《えん》王《のう》仏《ぶっ》となづけたり

三《さん》塗《ず》の黒《こく》闇《あん》ひらくなり

大《だい》応《おう》供《ぐ》を帰《き》命《みょお》せよ

出音ハ調ミ

●願《がん》以《に》此《し》功《く》徳《どく》

同音　平《びょう》等《どう》施《せ》一《いっ》切《さい》

同《どう》發《ほっ》菩《ぼ》提《だい》心《しん》

往《おう》生《じょう》安《あん》楽《らっ》國《こく》

鐃 三声

讃《さん》仏《ぶつ》偈《げ》

讃《さん》仏《ぶつ》偈《げ》

浄土真宗《じょうどしんしゅう》の根本聖典《こんぽんせいてん》の一、『無量寿経《むりょうじゅきょう》』のなかに含まれており、阿弥陀如来《あみだにょらい》が法蔵比《ほうぞうび》丘《く》（法蔵菩薩《ほうぞうぼさつ》）という修行者であったとき、世《せ》自在王如来《じざいおうにょらい》の徳を讃《たた》え、自らもまた仏となって一切衆生《いっさいしゅじょう》を救わんと誓われた偈《げ》（詩）です。

鏧二声○○　出音ハ調ミ

●光《こう》顔《げん》巍《ぎ》巍《ぎ》

み仏の顔は高大な山のように立派で

同音

威《い》神《じん》無《む》極《ごく》

お力は無限であります。

如《にょ》是《ぜ》焔《えん》明《みょう》

このような輝きは

無《む》与《よ》等《とう》者《しゃ》

同等なものはありません。

日《にち》月《がつ》摩《ま》尼《に》

太陽や月の光も摩尼《まに》

珠《しゅ》光《こう》焔《えん》耀《にょう》

宝珠《ほうじゅ》の輝きも

皆《かい》悉《しつ》隠《おん》蔽《ぺい》

〔み仏の輝きの前には〕影《かげ》をひそめ、

猶《ゆ》若《にゃく》聚《じゅ》墨《もく》

墨《すみ》のようにさえ見えます。

如《にょ》来《らい》容《よう》顔《げん》
み仏のお姿やお顔の素晴《すば》らしさは

超《ちょう》世《せ》無《む》倫《りん》
世に比べるものがありません。

正《しょう》覚《がく》大《だい》音《おん》
その正覚《さとり》のみ声は

響《こう》流《る》十《じっ》方《ぽう》
十方《じっぽう》世《せ》界《かい》に響《ひび》きわたります。

戒《かい》聞《もん》精《しょう》進《じん》
〔み仏の〕行いと学習と努力と

三《さん》昧《まい》智《ち》慧《え》
心の平静と智慧《ちえ》も

威《い》徳《とく》無《む》侶《りょ》
すぐれたること比べものがなく、

殊《しゅ》勝《しょう》希《け》有《う》
まことに立派であり稀有《けう》であります。

深《じん》諦《たい》善《ぜん》念《ねん》

深く諦《あき》らかに、善《よ》く

諸《しょ》仏《ぶつ》法《ほう》海《かい》

海のように広大な諸仏の教えを念《おも》い

窮《ぐ》深《じん》尽《じん》奥《のう》

その深い奥底を窮《きわ》め、

究《く》其《ご》涯《がい》底《たい》

その涯《はて》をも見究《みきわ》めておられます。

無《む》明《みょう》欲《よく》怒《ぬ》

愚《おろ》かさと　邪欲《じゃよく》と憎悪《ぞうお》の心は

世《せ》尊《そん》永《よう》無《む》

み仏には　永遠にありません。

人《にん》雄《の》師《し》子《し》

最もすぐれたお方であり、

神《じん》徳《とく》無《む》量《りょう》

そのお徳は量り知れません。

功《く》勲《くん》広《こう》大《だい》
その威徳《いとく》は広く大きく、

智《ち》慧《え》深《じん》妙《みょう》
智慧《ちえ》は深く素晴《すば》らしく、

光《こう》明《みょう》威《い》相《そう》
放たれる光の力は

震《しん》動《どう》大《だい》千《せん》
三千大千世界《さんぜんだいせんせかい》をも震《ゆ》り動かすほどです。

願《がん》我《が》作《さ》仏《ぶつ》
願わくは私も仏となり

斉《ざい》聖《しょう》法《ほう》王《おう》
み仏と斉《おな》じように、

過《か》度《ど》生《しょう》死《じ》
迷いの衆生《しゅじょう》を苦しみの世界から、

靡《み》不《ふ》解《げ》脱《だつ》
すべて抜け出させたいと思います。

布《ふ》施《せ》調《じょう》意《い》

施《ほどこ》しをし心を平静にし、

戒《かい》忍《にん》精《しょう》進《じん》

正しい行いと忍耐《にんたい》と努力《どりょく》と

如《にょ》是《ぜ》三《さん》昧《まい》

精神の集中と

智《ち》慧《え》為《い》上《じょう》

智慧《ちえ》〔波羅蜜行《はらみつぎょう》〕を窮《きわ》めましょう。

吾《ご》誓《せい》得《とく》仏《ぶつ》

私も仏となって

普《ふ》行《ぎょう》此《し》願《がん》

普《あまね》くこの誓いの通り実践《じっせん》し、

一《いっ》切《さい》恐《く》懼《く》

すべての不幸な者のために

為《い》作《さ》大《だい》安《あん》

大きな安らぎを与える者となることを
誓います。

仮《け》使《し》有《う》仏《ぶつ》

たとえ　み仏が

百《ひゃく》千《せん》億《のく》万《まん》

百千億万《ひゃくせんおくまん》おられ、

無《む》量《りょう》大《だい》聖《しょう》

み仏の数は限りなく

数《しゅ》如《にょ》恒《ごう》沙《じゃ》

ガンジス河辺《かわべ》の砂の数ほど多く、

供《く》養《よう》一《いっ》切《さい》

すべて　これらの

斯《し》等《とう》諸《しょ》仏《ぶつ》

み仏たちをば　供養《くよう》するとしても、

不《ふ》如《にょ》求《ぐ》道《どう》

道を求めて　志《こころざし》かたく

堅《けん》正《しょう》不《ふ》却《きゃく》

決して挫折《ざせつ》しないのには及びません。

譬《ひ》如《にょ》恒《ごう》沙《じゃ》
たとえガンジス河辺《かわべ》の砂ほど数多く

諸《しょ》仏《ぶつ》世《せ》界《かい》
諸仏《しょぶつ》の世界《せかい》があり、

復《ぶ》不《ふ》可《か》計《け》
また計《はか》り知れぬほどの

無《む》数《しゅ》刹《せつ》土《ど》
数多くの国があろうとも、

光《こう》明《みょう》悉《しっ》照《しょう》
わたしが放つ光は悉《ことごと》く照らし

徧《へん》此《し》諸《しょ》国《こく》
この国々に行きわたるでありましょう。

如《にょ》是《ぜ》精《しょう》進《じん》
そうなるように努力して、

威《い》神《じん》難《なん》量《りょう》
無限の威力《いりょく》を得たいものです。

令《りょう》我《が》作《さ》仏《ぶつ》
私を仏にしていただけるならば

国《こく》土《ど》第《だい》一《いち》
その国土はどのみ仏の国よりも勝《すぐ》れ、

其《ご》衆《しゅ》奇《き》妙《みょう》
その人々は素晴《すば》らしく

道《どう》場《じょう》超《ちょう》絶《ぜつ》
仏道の場を冠絶《かんぜつ》したものにしましょう。

国《こく》如《にょ》泥《ない》洹《おん》
国は最高のさとりにふさわしく、

而《に》無《む》等《とう》双《そう》
比類《ひるい》なきものとなるでしょう。

我《が》当《とう》哀《あい》愍《みん》
私は当《まさ》に一切衆生《いっさいしゅじょう》を哀《あわ》れんで、

度《ど》脱《だつ》一《いっ》切《さい》
苦しみから抜け出させましょう。

十《じっ》方《ぽう》来《らい》生《しょう》
十方の世界からここに来り生れる者は、

心《しん》悦《ねっ》清《しょう》浄《じょう》
心は悦《よろこ》び、清浄《しょうじょう》になるでしょう。

已《い》到《とう》我《が》国《こく》
私の国に来れば

快《け》楽《らく》安《あん》穏《のん》
楽しく安らかになるでしょう。

幸《こう》仏《ぶつ》信《しん》明《みょう》
幸《ねが》わくはみ仏よ、証明したまえ、

是《ぜ》我《が》真《しん》証《しょう》
あなたこそ私の証人であります。

発《ほっ》願《がん》於《の》彼《ひ》
私はここに願いを立て、

力《りき》精《しょう》所《しょ》欲《よく》
目標に向かって努力します。

十《じっ》方《ぽう》世《せ》尊《そん》
十方世界の　み仏たちの

智《ち》慧《え》無《む》碍《げ》
智慧《ちえ》は無限《むげん》であります。

常《じょう》令《りょう》此《し》尊《そん》
み仏たちよ　常に

知《ち》我《が》心《しん》行《ぎょう》
私の心と行いをお知りください。

仮《け》令《りょう》身《しん》止《し》
たとえ　我が身は

諸《しょ》苦《く》毒《どく》中《ちゅう》
地獄《じごく》の苦しみの中に在《あ》ろうとも、

次第にゆっくり

我《が》行《ぎょう》精《しょう》進《じん》
私は努力精進《しょうじん》し

忍《にん》終《じゅ》不《ふ》悔《け》
磬一声 ○
決して後悔することはありません。

短念仏六返《たんねんぶつろっぺん》

出音八調ミ

●南《なー》無《まー》阿弥《ん》陀《だー》仏《ぶー》

同音 南《なー》無《まー》阿弥《ん》陀《だー》仏《ぶー》

磬一声○

南《なー》無《まー》阿弥《ん》陀《だー》仏《ぶー》

南《なー》無《まー》阿弥《ん》陀《だー》仏《ぶー》

南《なー》無《まー》阿弥《ん》陀《だー》仏《ぶー》

南《なー》無《まー》阿弥《ん》陀《だー》仏《ぶー》

磬一声○

回向《えこう》

出音八調ミ

●願《がん》以《に》此《し》功《く》徳《どく》

願《ねが》わくは此《こ》の仏《みほとけ》の功徳《くどく》をば

同音 平《びょう》等《どう》施《せ》一《いっ》切《さい》

平等に一切衆《いっさいしゅ》生《じょう》に分かち、

同《どう》発《ほっ》菩《ぼ》提《だい》心《しん》

同《とも》に信心《しんじん》をいただいて

○往《おう》生《じょう》○安《あん》楽《らっ》○国《こく》

磬三声

仏《みほとけ》の国に往生《おうじょう》しよう。

重《じゅう》誓《せい》偈《げ》

「重誓偈《じゅうせいげ》」（「三誓偈《さんせいげ》」）

『無量寿経《むりょうじゅきょう》』の中で、修行者《しゅぎょうしゃ》・法蔵《ほうぞう》比丘《びく》が、一切衆生《いっさいしゅじょう》を済《すく》おうと世自在王如来の前で四十八の誓願《ちかい》（四十八願）を建《た》て、そのあと重ねて、その要点を三つにまとめて誓われる、それが「重誓偈」です。はじめに〝誓不成正覚《せいふじょうしょうがく》〟と三たび誓《ちか》われるので、「三誓偈《さんせいげ》」とも呼ばれます。

重《じゅう》誓《せい》偈《げ》

鏧二声〇〇　出音八調ミ

●我《が》建《ごん》超《ちょう》世《せ》願《がん》　引

私は今、世《よ》にもすぐれたる誓願《ちかい》を建《た》て

同音ひっ

必《し》至《し》無《む》上《じょう》道《どう》　引

必《かなら》ず無《む》上《じょう》の仏《ほとけ》の証《さと》りに達《たっ》したいと思う。

斯《し》願《がん》不《ふ》満《まん》足《ぞく》　引

斯《こ》の（世にもすぐれたる）願《ねがい》が成就《じょうじゅ》せぬ限《かぎ》り

誓《せい》ー不《ふ》成《じょう》正《しょう》覚《がく》　引

誓《ちか》って仏《ほとけ》とはならない。

我《が》於《お》無《む》量《りょう》劫《こう》　引

私は永遠《えいえん》に

不《ふ》為《い》大《だい》施《せ》主《しゅ》　引

偉大なる恵《めぐ》みの主《ぬし》となり、

普《ふ》済《さい》諸《しょ》貧《びん》苦《ぐ》　引

貧《まず》しい者、苦しむ者を普《あまね》く済《すく》おう。

誓《せい》ー不《ふ》成《じょう》正《しょう》覚《がく》　引

〔さもなくば〕誓《ちか》って仏《ほとけ》とはならない。

我《が》至《し》成《じょう》仏《ぶつ》道《どう》 引

私が仏《ほとけ》となったとき

名《みょう》声《しょう》超《ちょう》十《じっ》方《ぽう》 引

私の名声《めいせい》は十方《じっぽう》世界《せかい》にとどろくだろう。

究《く》竟《きょう》靡《み》所《しょ》聞《もん》 引

〔名声《めいせい》の〕とどかぬところがもしもあるならば

誓《せい》ー不《ふ》成《じょう》正《しょう》覚《がく》 引

誓《ちか》って仏《ほとけ》とはならない。

離《り》欲《よく》深《じん》正《しょう》念《ねん》 引

欲《よく》を離れ、深く思惟《しゆい》し、

浄《じょう》慧《え》修《しゅ》梵《ぼん》行《ぎょう》 引

浄《きよ》き智慧《ちえ》をもて清浄《しょうじょう》の修行《しゅぎょう》を行い、

志《し》求《ぐ》無《む》上《じょう》道《どう》 引

仏《ほとけ》への道《みち》を志《こころざ》し、

為《い》諸《しょ》天《てん》人《にん》師《し》 引

天界《てんがい》と人間界《にんげんかい》との師となろう。

神《じん》力《りき》演《えん》大《だい》光《こう》　引

不思議《ふしぎ》の力は大きな光《ひかり》を放《はな》ち、

普《ふ》照《しょう》無《む》際《さい》土《ど》　引

無限《むげん》の世界を普《あまね》く照《てら》らし、

消《しょう》除《じょ》三《さん》垢《く》冥《みょう》　引

三垢《さんく》（貪欲《よく》・瞋恚《いかり》・愚痴《おろかさ》）の冥闇《くらやみ》を取除《とりのぞ》いて

広《こう》済《さい》衆《しゅ》厄《やく》難《なん》　引

広く衆人《もろびと》を厄難《やくなん》から済《すく》おう。

開《かい》彼《ひ》智《ち》慧《え》眼《げん》　引

智慧《ちえ》の眼《まなこ》を開《ひら》き

滅《めっ》此《し》昏《こん》盲《もう》闇《あん》　引

此《こ》の〔世界《せかい》の〕昏盲闇《くらやみ》を滅《ほろぼ》し

閉《へい》塞《そく》諸《しょ》悪《あく》道《どう》　引

諸《もろもろ》の悪《あく》の道《みち》を閉塞《とざ》して

通《つう》達《だつ》善《ぜん》趣《しゅ》門《もん》　引

善《ぜん》〔の世界へ〕の門に達《たっ》せしめよう。

功《こう》祚《そ》成《じょう》満《まん》足《ぞく》　引
仏《ほとけ》の位《くらい》（功祚《こうそ》）に到れば、

威《い》耀《よう》朗《ろう》十《じっ》方《ぽう》　引
威光《いこう》は十方《じっぽう》世界《せかい》に輝《かがや》き、

日《にち》月《がっ》戢《しゅう》重《じゅう》暉《き》　引
日月《にちがつ》も共に暉《かがや》くことを戢《や》め

天《てん》光《こう》隠《おん》不《ぷ》現《げん》　引
天《てん》の光《ひかり》も遙《はる》かに及《およ》ばぬであろう。

為《い》衆《しゅ》開《かい》法《ほう》蔵《ぞう》　引
人びとの為に法《おしえ》の蔵《くら》を開《ひら》いて

広《こう》施《せ》功《く》徳《どく》宝《ほう》　引
広《ひろ》く功徳《しあわせ》の宝《たから》を施《ほどこ》し、

常《じょう》於《お》大《だい》衆《しゅ》中《ぢゅう》　引
常《つね》に大衆《ひとびと》の中に在《あ》って

説《せっ》法《ぽう》師《し》子《し》吼《く》　引
雄々《おお》しく法《おしえ》を説こう。

供《く》養《よう》一《いっ》切《さい》仏《ぶっ》 引

一切《いっさい》の仏《みほとけ》に供養《くよう》し、

具《ぐ》足《そく》衆《しゅ》徳《とく》本《ほん》 引

衆《もろもろ》の善《ぜん》（徳《とく》の本《もと》）を具《そな》え、

願《がん》慧《ね》悉《しっ》成《じょう》満《まん》 引

誓願《ねがい》と智慧《ちえ》とを悉《ことごと》く成《な》しとげて

得《とく》為《い》三《さん》界《がい》雄《お》 引

あらゆる世界の雄《ゆう》となろう。

如《にょ》仏《ぶっ》無《む》碍《げ》智《ち》 引

仏《みほとけ》の偉大《いだい》な智慧《ちえ》の光《ひかり》が

通《つう》達《だつ》靡《み》不《ふ》照《しょう》 引

あまねく照《て》らさぬところ靡《な》きが如《ごと》く、

願《がん》我《が》功《く》慧《え》力《りき》 引

願《ねが》わくは我《わ》が智慧《ちえ》の力《ちから》も

等《とう》此《し》最《さい》勝《しょう》尊《そん》 引

この最勝尊《みほとけ》（世自在王如来）と等《ひと》しいものとならんことを。

斯《し》願《がん》若《にゃっ》剋《こっ》果《か》引

斯《こ》の願いが若《も》し満《み》たされるならば

大《だい》千《せん》応《おう》感《かん》動《どう》引

三千大千世界《さんぜんだいせんせかい》も応《まさ》に感動《かんどう》し、

次第にゆっくり

虚《こ》空《くう》諸《しょ》天《てん》人《にん》

虚空《こくう》の神々《かみがみ》も

当《とう》雨《う》珍《ちん》妙《みょう》華《け》

当《まさ》に美しい天《てん》の華《はな》を雨《あめ》と降《ふ》らせたまえ。

磬一声○

短《たん》念《ねん》仏《ぶつ》六返《ぺん》

出音八調ミ

●南《なー》無《まー》阿弥《ん》陀《だー》仏《ぶー》

磬一声○

同音

南《なー》無《まー》阿弥《ん》陀《だー》仏《ぶー》

南《なー》無《まー》阿弥《ん》陀《だー》仏《ぶー》

南《なー》無《まー》阿弥《ん》陀《だー》仏《ぶー》

南《なー》無《まー》阿弥《ん》陀《だー》仏《ぶー》

南《なー》無《まー》阿弥《ん》陀《だー》仏《ぶー》

磬一声○

回《え》向《こう》

出音八調ミ

●願《がん》以《に》此《し》功《く》徳《どく》

願《ねが》わくは此《こ》の仏《みほとけ》の功徳《くどく》をば

同音　平《びょう》等《どう》施《せ》一《いっ》切《さい》

平等に一切衆生《いっさいしゅじょう》に分かち、

同《どう》発《ほっ》菩《ぼ》提《だい》心《しん》

同《ともども》に信心《しんじん》をいただいて

○往《おう》生《じょう》○安《あん》楽《らっ》○国《こく》　磬三声

仏《みほとけ》の国に往生《おうじょう》しよう。

仏説阿弥陀経《ぶっせつあみだきょう》

「仏説阿弥陀経《ぶっせつあみだきょう》」

浄土真宗《じょうどしんしゅう》の根本聖典《こんぽんせいてん》「浄土三部経《じょうどさんぶきょう》」の一で、「仏説無量寿経《ぶっせつむりょうじゅきょう》」を「大経《だいきょう》」、「仏説《ぶっせつ》観無量寿経《かんむりょうじゅきょう》」を「観経《かんぎょう》」と略称するように、「小経《しょうきょう》」ともいいます。祇園精舎《ぎおんしょうじゃ》において釈尊《しゃくそん》がたくさんのお弟子たちの中で特に長老舎利弗《しゃりほつ》に呼びかけて説かれたもので、①極楽浄土《ごくらくじょうど》の素晴らしい様子、②極楽浄土のみ仏が「阿弥陀」と呼ばれる理由、③浄土への往生《おうじょう》は念仏によってのみ可能であること、④六方世界《ろっぽうせかい》の諸仏が念仏往生の法をほめ讃《たた》えていることなどが明かされています。

鏧二声〇〇　出音ハ調ミ

●佛《ぶっ》說《せつ》阿《あ》彌《み》陀《だ》經《きょう》

姚《よう》秦《しん》三《さん》藏《ぞう》法《ほう》師《し》鳩《く》摩《ま》羅《ら》什《じゅう》奉《ぶ》詔《しょう》譯《やく》

五世紀初頭、五胡十六国の一つ、姚秦の時代に中国の古都長安を中心に多数の貴重な仏典を漢訳した大訳経者鳩摩羅什が王勅によって訳したもの

同音　如《にょ》是《ぜ》我《が》聞《もん》・一《いち》時《じ》佛《ぶつ》在《ざい》・舍《しゃ》衛《え》國《こく》・祇《ぎ》樹《じゅ》給《きっ》孤《こ》獨《どく》園《おん》・

私は、このように聞いた。ある時、仏（お釈迦さま）は北インドの舍衛国《しゃえこく》の祇園精舎《ぎおんしょうじゃ》とい

與《よ》大《だい》比《び》丘《く》衆《しゅ》千《せん》二《に》百《ひゃく》五《ご》十《じゅう》人《にん》倶《く》・皆《かい》是《ぜ》大《だい》阿《あ》羅《ら》

うお寺に居られた。優れた比丘《びく》（男性僧侶）千二百五十人とご一緒だった。比丘はすべて

漢《かん》・衆《しゅ》所《しょ》知《ち》識《しき》・長《ちょう》老《ろう》舎《しゃ》利《り》弗《ほつ》・摩《ま》訶《か》目《もっ》犍《けん》連《れん》・摩《ま》訶《か》

悟《さと》りに達した偉大な方々ばかりで、その名は広く知られていた。即ち、仏弟子の筆頭・

迦《か》葉《しょう》・摩《ま》訶《か》迦《か》旃《せん》延《ねん》・摩《ま》訶《か》倶《く》絺《ち》羅《ら》・離《り》婆《は》多《た》・周《しゅ》利《り》

舎利弗《しゃりほつ》、次席の大目犍連《だいもっけんれん》、大迦葉《だいかしょう》、大迦旃延《だいかせんねん》、大倶絺羅《だいくちら》、離婆多《りはた》、頭は悪かったがお釈

槃《はん》陀《だ》伽《か》・難《なん》陀《だ》・阿《あ》難《なん》陀《だ》・羅《ら》睺《ご》羅《ら》・憍《きょう》梵《ぼん》波《は》提《だい》・賓《びん》頭《ず》

迦さまの導きで悟りを開くことが出来た周梨槃特《しゅりはんどく》、お釈迦さまの異母弟難陀《なんだ》、従弟の阿難《あなん》、

盧《る》頗《は》羅《ら》堕《だ》・迦《か》留《る》陀《だ》夷《い》・摩《ま》訶《か》劫《こう》賓《ひん》那《な》・薄《は》拘《く》羅《ら》・阿《あ》

実子の羅睺羅《らごら》、憍梵波提《きょうぼんはだい》、賓頭盧頗羅堕《びんずるはらだ》、迦留陀夷《かるだい》、大劫賓那《だいこうひんな》、薄拘羅《はくら》、

㝹樓駄《ぬるだ》・如是等《にょぜとう》・諸大弟子《しょだいでし》・幷諸菩薩摩訶薩《びょうしょぼさつまかさつ》・
従弟の阿㝹樓駄《あぬるだ》など、このような大弟子たち、および菩薩たち、
文殊師利法王子《もんじゅしりほうおうじ》・阿逸多菩薩《あいったぼさつ》・乾陀訶提菩《けんだかだいぼ》
即ち文殊菩薩《もんじゅぼさつ》、弥勒菩薩《みろくぼさつ》、乾陀訶提菩薩《けんだかだいぼさつ》、
薩《さつ》・常精進菩薩《じょうしょうじんぼさつ》・與如是等《よにょぜとう》・諸大菩薩《しょだいぼさつ》・及釋提《ぎゅうしゃくだい》
常精進菩薩《じょうしょうじんぼさつ》など、このような偉大な菩薩たち、および帝釈天《たいしゃくてん》など、
桓因等《かんいんとう》・無量諸天《むりょうしょてん》・大衆倶《だいしゅく》・
無数の神々がご一緒していた。
爾時佛告《にじぶつごう》・長老舎利弗《ちょうろうしゃりほつ》・從是西方《じゅうぜさいほう》・過十萬億《かじゅうまんのく》
その時、仏（お釈迦さま）は舎利弗にお告げになられた。『ここから西の方、十万億の仏の世界を過ぎてそ

佛土《ぶつど》・有《う》世界《せかい》・名曰《みょうわつ》極樂《ごくらく》・其《ご》土《ど》有《う》佛《ぶつ》・號《ごう》阿彌陀《あみだ》・
の彼方に一つの世界がある。極楽と呼ばれている、その世界には仏が居られる。阿弥陀（仏）と言われ、
今現在《こんげんざい》説法《せっぽう》・舎利弗《しゃりほつ》・彼土《ひど》何故《がこ》・名爲《みょうい》極樂《ごくらく》・其《ご》
今現にましまして説法されている。舎利弗よ、彼の国（世界）は何故極楽と呼ばれるのか。それは、その国
國《こく》衆生《しゅじょう》・無《む》有《う》衆《しゅ》苦《く》・但《たん》受《じゅ》諸樂《しょらく》・故《こ》名《みょう》極樂《ごくらく》・
の人々には様々な苦しみが無く、ただいろんな楽しみがある。だから極楽と名づけられているのだ。
又《う》舎利弗《しゃりほつ》・極樂國土《ごくらっこくど》・七重欄楯《しちじゅうらんじゅん》・七重羅網《しちじゅうらもう》・七《しち》
また舎利弗《しゃりほつ》よ、極楽の世界には七重の玉垣がめぐらされ、七重の羅網《らもう》が空を覆い、
重行樹《じゅうごうじゅ》・皆是《かいぜ》四寶《しほう》・周帀《しゅうそう》圍繞《いにょう》・是故《ぜこ》彼國《ひこく》・名曰《みょうわつ》
七重の並木がある。これはすべて金銀瑠璃玻瓈《きんぎんるりはり》などの四宝で作られ、周囲をとりまいて

極樂《ごくらく》・

いる。これ故に極楽と名づけるのである。

又《う》舎《しゃ》利《り》弗《ほつ》・極《ごく》樂《らっ》國《こく》土《ど》・有《う》七《しっ》寶《ぽう》池《ち》・八《はっ》功《く》徳《どく》水《すい》・充《しゅ》

また舎利弗《しゃりほつ》よ、極楽世界には（金銀瑠璃玻瓈などの）七宝《しっぽう》で出来た池があり、清冷《しょうりょう》など八種の

滿《まん》其《ご》中《ちゅう》・池《ち》底《たい》純《じゅん》以《に》・金《こん》沙《しゃ》布《ふ》地《じ》・四《し》邊《へん》階《かい》道《どう》・金《こん》銀《ごん》

徳性を具《そな》えた水がその中に満ち、池の底はもっぱら黄金の砂が布《し》きつめられている。四方

瑠《る》璃《り》・玻《は》瓈《り》合《ごう》成《じょう》・上《じょう》有《う》樓《ろう》閣《かく》・亦《やく》以《い》金《こん》銀《ごん》瑠《る》璃《り》・玻《は》

の岸から池面に降りる階段は金、銀、瑠璃、玻瓈などで作られており、上には高層の建物が

瓈《り》硨《しゃ》磲《こ》・赤《しゃく》珠《しゅ》碼《め》碯《のう》・而《に》嚴《ごん》飾《じき》之《し》・池《ち》中《ちゅう》蓮《れん》華《げ》・大《だい》如《にょ》

あるが、これまた金銀瑠璃玻瓈白貝赤珠瑪瑙などで飾られている。池の中の蓮の花は車輪

車輪《しゃりん》・青色《しょうしき》青光《しょうこう》・黄色《おうしき》黄光《おうこう》・赤色《しゃくしき》赤光《しゃっこう》・白色《びゃくしき》白《びゃっ》光《こう》・微妙《みみょう》香潔《こうけつ》・舍利弗《しゃりほつ》・極樂國土《ごくらっこくど》・成就《じょうじゅ》如是《にょぜ》・功《く》徳《どく》莊嚴《しょうごん》・

ほどの大きさがあり、青い蓮は青い光、黄色い花は黄色い光、赤い花は赤い光、白い花は白い光を放ち、美しく、香《かぐわ》しく、清潔である。舎利弗よ、極楽国土はこのような徳性によって飾られている。

又《う》舍利弗《しゃりほつ》・彼佛國土《ひぶっこくど》・常作《じょうさ》天樂《てんがく》・黄金《おうごん》爲地《いじ》・晝《ちゅう》夜《や》六時《ろくじ》・而《に》雨《う》曼陀羅華《まんだらけ》・其國《ごこく》衆生《しゅじょう》・常以《じょうい》清旦《しょうたん》・

また舎利弗よ、彼の極楽国土には、常に天の音楽が流れている。また大地は黄金で出来ており一日六回（晨朝《じんじょう》、日中《にっちゅう》、日没《にちもつ》、初夜《しょや》、中夜《ちゅうや》、後夜《ごや》）マンダラ華《げ》が天から降る。極楽国の

各《かく》以《い》衣《え》裓《こく》・盛《じょう》衆《しゅ》妙《みょう》華《け》・供《く》養《よう》他《た》方《ほう》・十《じゅう》萬《まん》億《のく》佛《ぶつ》・即《そく》

衆生《しゅじょう》はいつも朝早く、それぞれが器に様々な美しい花を盛り、他方十万億の世界のみ仏を

以《い》食《じき》時《じ》・還《げん》到《とう》本《ほん》國《ごく》・飯《ぼん》食《じき》經《きょう》行《ぎょう》・舍《しゃ》利《り》弗《ほつ》・極《ごく》樂《らっ》國《こく》

供養し、昼食前、午前中には還《かえ》って来て食事し、散歩する。舍利弗よ、極楽国土はこのよ

土《ど》・成《じょう》就《じゅ》如《にょ》是《ぜ》・功《く》德《どく》莊《しょう》嚴《ごん》・

うな徳性によって厳《かざ》られているのである。

復《ぶ》次《し》舍《しゃ》利《り》弗《ほつ》・彼《ひ》國《こく》常《じょう》有《う》・種《しゅ》種《じゅ》奇《き》妙《みょう》・雜《ざっ》色《しき》之《し》鳥《ちょう》・

また次に舍利弗よ、極楽世界にはいつも様々な、珍しい、色とりどりの鳥が居る。

白《びゃっ》鵠《こう》・孔《く》雀《じゃく》・鸚《おう》鵡《む》・舍《しゃ》利《り》・迦《か》陵《りょう》頻《びん》伽《が》・共《ぐ》命《みょう》之《し》鳥《ちょう》・是《ぜ》

白鵠《びゃっこう》、孔雀《くじゃく》、鸚鵡《おうむ》、舍利《しゃり》、迦陵頻伽《かりょうびんが》、頭が二つある共命《ぐみょう》の鳥などである。

諸《しょ》衆《しゅ》鳥《ちょう》・晝《ちゅう》夜《や》六《ろく》時《じ》・出《すい》和《わ》雅《げ》音《おん》・其《ご》音《おん》演《えん》暢《ちょう》・五《ご》根《こん》

これら様々な鳥は一日六回、美しい雅《みやび》やかな声で鳴く。その声は広く五根《ごこん》（解脱に至るための信《しん》・精進《しょうじん》・念《ねん》・定《じょう》・慧《え》の五つの機能）

五《ご》力《りき》・七《しち》菩《ぼ》提《だい》分《ぶん》・八《はっ》聖《しょう》道《どう》分《ぶん》・如《にょ》是《ぜ》等《とう》法《ほう》・其《ご》土《ど》衆《しゅ》

五力《ごりき》（信・精進・念・定・慧の五つの力）七菩提分《しちぼだいぶん》（念・択法《ちゃくほう》・精進・喜《き》・軽安《きょうあん》・定・捨《しゃ》の七覚支《かくし》）八聖道分《はっしょうどうぶん》（八つの正しい生活態度、正見《しょうけん》・正思《しょうし》・正語《しょうご》・正業《しょうごう》・正命《しょうみょう》・正精進・正念・正定。八正道《はっしょうどう》ともいう）などの教えを説く。このような教法を聞い

生《じょう》・聞《もん》是《ぜ》音《おん》已《に》・皆《かい》悉《しつ》念《ねん》佛《ぶつ》・念《ねん》法《ぽう》念《ねん》僧《そう》・舍《しゃ》利《り》弗《ほつ》・汝《にょ》

た極楽世界の衆生は、みな悉《ことごと》く仏を念じ、仏法を念じ、仏弟子の集まりを念じる。舍利弗よ、

勿《もっ》謂《い》此《し》鳥《ちょう》・實《じつ》是《ぜ》罪《ざい》報《ほう》所《しょ》生《しょう》・所《しょ》以《い》者《しゃ》何《が》・彼《ひ》佛《ぶっ》國《こく》

そなたはこれらの鳥が、前生《ぜんしょう》の罪の報《むく》いとして畜生道に生まれたのだと思ってはならない。

土《ど》・無《む》三惡趣《さんまくしゅ》・舍利弗《しゃりほつ》・其《ご》佛國土《ぶっこくど》・尚《しょう》無《む》三惡道《さんまくどう》

何故かというと、阿弥陀仏の世界には（地獄、餓鬼、畜生の）三悪趣《さんまくしゅ》は存在しないからである。

之《し》名《みょう》・何《が》況《きょう》有《う》實《じつ》・是《ぜ》諸《しょ》衆鳥《しゅちょう》・皆《かい》是《ぜ》阿彌陀佛《あみだぶつ》・欲《よく》

舎利弗よ、阿弥陀仏の世界には三悪趣という言葉さえもないのだ。どうして実物が存在しようか。

令《りょう》法《ほう》音《おん》宣《せん》流《る》・變《へん》化《げ》所《しょ》作《さ》・舍利弗《しゃりほつ》・彼《ひ》佛國土《ぶっこくど》・微《み》

か。これらの沢山の鳥は、みなこれ、阿弥陀如来がみ法の声を広く流そうとして仮に作り出さ

風《ふ》吹《すい》動《どう》・諸《しょ》寶《ほう》行《ごう》樹《じゅ》・及《ぎゅう》寶《ほう》羅《ら》網《もう》・出《すい》微妙音《みみょうおん》・譬《ひ》如《にょ》

れたものなのだ。舎利弗よ、彼の仏国土にはそよ風が吹いて、宝の樹の並木や宝の羅網を動か

百千《ひゃくせん》種《じゅ》樂《がく》・同《どう》時《じ》俱《く》作《さ》・聞《もん》是《ぜ》音《おん》者《しゃ》・皆《かい》自《じ》然《ねん》生《じょう》・念《ねん》

し、美しい音を出させている。それは恰《あたか》も百千種の楽器が同時に奏《かな》でられているかのようであ

佛《ぶつ》念《ねん》法《ぽう》・念《ねん》僧《そう》之《し》心《しん》・舎《しゃ》利《り》弗《ほつ》・其《ご》佛《ぶっ》國《こく》土《ど》・成《じょう》就《じゅ》如《にょ》
次第にゆっくり

り、その音を聞く者はみなおのずから念仏、念法、念僧の心を起こす。舎利弗よ、阿弥陀如来

是《ぜ》・功《く》―徳《どく》莊《しょう》嚴《ごん》　○○○（又は磬一声○）
磬三声

の浄土はこのような徳性をもって厳《かざ》られているのだ。

●舎《しゃ》利《り》弗《ほつ》・　同音　於《お》汝《にょ》意《い》云《うん》何《が》・彼《ひ》佛《ぶつ》何《が》故《こ》・號《ごう》阿《あ》彌《み》陀《だ》・

舎利弗《しゃりほつ》よ、そなたはどう思うか。彼の仏をば何故に阿弥陀《あみだ》（如来）と申し上げるのか。（それは）

舎《しゃ》利《り》弗《ほつ》・彼《ひ》佛《ぶっ》光《こう》明《みょう》無《む》量《りょう》・照《しょう》十《じっ》方《ぽう》國《こく》・無《む》所《しょ》障《しょう》礙《げ》・

舎利弗よ、彼の仏の（放たれる）光明《こうみょう》は量《はか》り無く、十方《じっぽう》の世界を照らして、何ものにもさえぎら

是《ぜ》故《こ》號《ごう》爲《い》阿《あ》彌《み》陀《だ》・又《う》舎《しゃ》利《り》弗《ほつ》・彼《ひ》佛《ぶつ》壽《じゅ》命《みょう》・及《ぎゅう》其《ご》

れない。この故に阿弥陀（無量光仏）と申し上げるのだ。また舎利弗よ、阿弥陀如来の寿命、お

人民《にんみん》・無量無邊《むりょうむへん》・阿僧祇劫《あそうぎこう》・故名《こみょう》阿彌陀《あみだ》・舍利《しゃり》

よびその国の人民の寿命は量り知れず限りがなく、はてしなく長い。だから阿弥陀（無量寿仏）

弗《ほつ》・阿彌陀佛《あみだぶつ》・成佛已來《じょうぶついらい》・於今十劫《おこんじっこう》・又《う》舍利弗《しゃりほつ》・

と申し上げるのだ。舍利弗よ、阿弥陀仏が成仏されて以来、今に十劫という長い年月が経った。

彼佛有無量無邊《ひぶつうむりょうむへん》・聲聞弟子《しょうもんでし》・皆阿羅漢《かいあらかん》・非是《ひぜ》

また舍利弗よ、彼の（阿弥陀）仏には数えきれないほど多数の声聞《しょうもん》、つまり弟子たちが居る。

算數《さんじゅ》・之所能知《ししょのうち》・諸菩薩衆《しょぼさつしゅ》・亦復如是《やくぶにょぜ》・舍利弗《しゃりほつ》・

みな悟りを開いている。とても数えきれない。もろもろの菩薩もまた同様である。舍利弗よ、

彼佛國土《ひぶっこくど》・成就如是《じょうじゅにょぜ》・功德莊嚴《くどくしょうごん》・

彼の仏国土は、このように徳性をもって厳《かざ》られているのだ。

又《う》舎利弗《しゃりほつ》・極樂國土《ごくらっこくど》・衆生者《しゅじょうしょうじゃ》・皆是《かいぜ》阿鞞跋《あびばっ》

また舎利弗よ、極楽国土に生まれる衆生たちは、みなこれ不退転《ふたいてん》の位《くらい》に入っている。その中、多くの

致《ち》・其中多有《ごちゅうたう》・一生補處《いっしょうふしょ》・其數甚多《ごしゅじんた》・非是算數《ひぜさんじゅ》・

ものが次に生まれ変わったら仏になる。その数は甚《はなは》だ多い、算《かぞ》えられる数ではない。ただ、無量無辺《むりょうむへん》

所能知之《しょのうちし》・但可以無量無邊《たんかいむりょうむへん》・阿僧祇劫説《あそうぎこうせつ》・舎《しゃ》

阿僧祇劫《あそうぎこう》という大変長い時間をかけて説かれることによってはじめて知ることが出来る。舎利弗よ、

利弗《りほつ》・衆生聞者《しゅじょうもんしゃ》・應當發願《おうとうほつがん》・願生彼國《がんしょうひこく》・所以者《しょいしゃ》

衆生にして（この浄土の尊さを）聞く者は応《まさ》に発願《ほつがん》して、彼の国に生まれんと願うべし。何故かという

何《が》・得與如是《とくよにょぜ》・諸上善人《しょじょうぜんにん》・倶會一處《くえいっしょ》・舎利弗《しゃりほつ》・不《ふ》

と、（阿弥陀仏の浄土に於いて）このようなもろもろの上善の人々と倶《とも》に一処に会合することが出来るから

可《か》以《い》少《しょう》善根《ぜんごん》・福徳《ふくとく》因縁《いんねん》・得生《とくしょう》彼《ひ》國《こく》・

である。（しかし）わずかな善根《ぜんごん》や幸福を得るための因縁によっては彼の国に生まれることは出来ない。

舍《しゃ》利《り》弗《ほつ》・若《にゃく》有《う》善《ぜん》男《なん》子《し》・善《ぜん》女《にょ》人《にん》・聞《もん》説《せつ》阿《あ》彌《み》陀《だ》佛《ぶつ》・

舍利弗よ、もしも善男善女が居て阿弥陀仏のことを説かれるのを聞いて、

執《しゅう》持《じ》名《みょう》號《ごう》・若《にゃく》一《いち》日《にち》・若《にゃく》二《に》日《にち》・若《にゃく》三《さん》日《にち》・若《にゃく》四《し》日《にち》・若《にゃく》

その名を心に抱きつづけて、あるいは一日、あるいは二日、あるいは三日、あるいは四日、

五《ご》日《にち》・若《にゃく》六《ろく》日《にち》・若《にゃく》七《しち》日《にち》・一《いっ》心《しん》不《ふ》亂《らん》・其《ご》人《にん》臨《りん》命《みょう》終《じゅう》

あるいは五日、あるいは六日、あるいは七日、一心不乱ならば、その人の命終《みょうじゅう》のときに当

時《じ》・阿《あ》彌《み》陀《だ》佛《ぶつ》・與《よ》諸《しょ》聖《しょう》衆《じゅ》・現《げん》在《ざい》其《ご》前《ぜん》・是《ぜ》人《にん》終《じゅう》時《じ》・

たって阿弥陀如来は数多くの菩薩と共にその人の前に出現される。この人は生命終わる

心不顛倒《しんぷてんどう》・即得往生《そくとくおうじょう》・阿彌陀佛《あみだぶつ》・極樂國土《ごくらっこくど》・舍利弗《しゃりほつ》・我見是利《がけんぜり》・故説此言《こせっしごん》・若有衆生《にゃくうしゅじょう》・聞是説者《もんぜせっしゃ》・應當發願《おうとうほつがん》・生彼國土《しょうひこくど》・

時、心が動顛《どうてん》せず、直ちに阿弥陀仏の極楽国土に往生することができる。舎利弗よ、私はこのような利益を知っているからこのことを説くのである。もしもこの説法を聞く衆生は、まさに阿弥陀如来の浄土に生まれんとの願いを発《おこ》すべきである。

舍利弗《しゃりほつ》・如我今者《にょがこんじゃ》・讃歎阿彌陀佛《さんだんあみだぶつ》・不可思議《ふかしぎ》功徳《くどく》・東方亦有《とうぼうやくう》・阿閦鞞佛《あしゅくびぶつ》・須彌相佛《しゅみそうぶつ》・大須彌《だいしゅみ》

舎利弗よ、私が今、阿弥陀仏の不思議なお徳をほめたたえるのと同じように、東の方にも阿閦如来《あしゅくにょらい》・須弥相仏《しゅみそうぶつ》・大須弥仏《だいしゅみぶつ》・須弥光仏《しゅみこうぶつ》・妙音仏《みょうおんぶつ》など、

佛《ぶつ》・須《しゅ》彌《み》光《こう》佛《ぶつ》・妙《みょう》音《おん》佛《ぶつ》・如《にょ》是《ぜ》等《とう》・恒《ごう》河《が》沙《しゃ》數《しゅ》諸《しょ》佛《ぶつ》・

ガンジス川の沙《すな》の数ほど多くのみ仏たちが、おのおのその国において、

各《かく》於《お》其《ご》國《こく》・出《すい》廣《こう》長《じょう》舌《ぜっ》相《そう》・徧《へん》覆《ぷ》三《さん》千《ぜん》・大《だい》千《せん》世《せ》界《かい》・

広く長い舌、つまり力づよい弁舌をもってあまねく三千大千世界《さんぜんだいせんせかい》を覆《おお》い、

説《せつ》誠《じょう》實《じつ》言《ごん》・汝《にょ》等《とう》衆《しゅ》生《じょう》・當《とう》信《しん》是《ぜ》稱《しょう》讃《さん》・不《ふ》可《か》思《し》議《ぎ》

まことの教えを説きたもうて曰《いわ》く、「お前たち衆生よ、まさに阿弥陀如来《あみだにょらい》の不思議な徳を

功《く》徳《どく》・一《いっ》切《さい》諸《しょ》佛《ぶつ》・所《しょ》護《ご》念《ねん》經《ぎょう》・

ほめ讃《たた》え、全てのみ仏によって護《まも》り念じられることを説くこの経を信ぜよ」と。

舎《しゃ》利《り》弗《ほつ》・南《なん》方《ぼう》世《せ》界《かい》・有《う》日《にち》月《がっ》燈《とう》佛《ぶつ》・名《みょう》聞《もん》光《こう》佛《ぶつ》・大《だい》

舎利弗よ、南の方にも日月灯仏《にちがつとうぶつ》・名聞光仏《みょうもんこうぶつ》・大焰肩仏《だいえんけんぶつ》・須弥灯仏《しゅみとうぶつ》・無量精進仏《むりょうしょうじんぶつ》など、

焔肩佛《えんけんぶつ》・須彌燈佛《しゅみとうぶつ》・無量精進佛《むりょうしょうじんぶつ》・如是等《にょぜとう》・恆河《ごうが》

ガンジス川の沙《すな》の数ほど多くのみ仏たちがおのおのその国において、広く長い舌、つま

沙數《しゃしゅ》諸佛《しょぶつ》・各《かく》於《お》其《ご》國《こく》・出《すい》廣長舌相《こうじょうぜっそう》・徧覆《へんぷ》三千《さんぜん》

り力づよい弁舌をもってあまねく三千大千世界《さんぜんだいせんせかい》を覆《おお》い、まことの教えを説きたもうて曰《いわ》

大千世界《だいせんせかい》・説誠實言《せつじょうじつごん》・汝等衆生《にょとうしゅじょう》・當信是稱讃《とうしんぜしょうさん》

く、「お前たち衆生よ、まさに阿弥陀如来《あみだにょらい》の不思議な徳をほめ讃《たた》え、全てのみ仏によって

不可思議功徳《ふかしぎくどく》・一切諸佛《いっさいしょぶつ》・所護念經《しょごねんぎょう》・

護《まも》り念じられることを説くこの経を信ぜよ」と。

舎利弗《しゃりほつ》・西方世界《さいほうせかい》・有無量壽佛《うむりょうじゅぶつ》・無量相佛《むりょうそうぶつ》・無《む》

舎利弗よ、西の方にも無量寿仏《むりょうじゅぶつ》・無量相仏《むりょうそうぶつ》・無量幢仏《むりょうどうぶつ》・大光仏《だいこうぶつ》・大明仏《だいみょうぶつ》・宝相仏《ほうそうぶつ》・

量幢佛《りょうどうぶつ》・大光佛《だいこうぶつ》・大明佛《だいみょうぶつ》・寶相佛《ほうそうぶつ》・淨光佛《じょうこうぶつ》・如是《にょぜ》等《とう》・恆河沙數諸佛《ごうがしゃしゅしょぶつ》・各於其國《かくおごこく》・出廣長舌相《すいこうじょうぜっそう》・徧《へん》覆《ぷ》三千大千世界《さんぜんだいせんせかい》・説誠實言《せつじょうじつごん》・汝等衆生《にょとうしゅじょう》・當信《とうしん》是稱讚《ぜしょうさん》・不可思議功德《ふかしぎくどく》・一切諸佛《いっさいしょぶつ》・所護念經《しょごねんぎょう》・

浄光仏《じょうこうぶつ》など、ガンジス川の沙《すな》の数ほど多くのみ仏たちがおのおのその国において、広く長い舌、つまり力づよい弁舌をもってあまねく三千大千世界《さんぜんだいせんせかい》を覆《おお》い、まことの教えを説きたもうて曰《いわ》く、「お前たち衆生よ、まさに阿弥陀如来《あみだにょらい》の不思議な徳をほめ讃《たた》え、全てのみ仏によって護《まも》り念じられることを説くこの経を信ぜよ」と。

舍利弗《しゃりほつ》・北方世界《ほっぽうせかい》・有焰肩佛《うえんけんぶつ》・最勝音佛《さいしょうおんぶつ》・難沮《なんしょ》

舎利弗よ、北の方にも焔肩仏《えんけんぶつ》・最勝音仏《さいしょうおんぶつ》・難沮仏《なんしょぶつ》・日生仏《にっしょうぶつ》・網明仏《もうみょうぶつ》など、ガンジス川

佛《ぶつ》・日生佛《にっしょうぶつ》・網明佛《もうみょうぶつ》・如是等《にょぜとう》・恆河沙數諸佛《ごうがしゃしゅしょぶつ》・各《かく》
の沙《すな》の数ほど多くのみ仏たちがおのおのその国において、広く長い舌、つまり力づよい
於其國《おごこく》・出廣長舌相《すいこうじょうぜっそう》・徧覆三千《へんぷさんぜん》・大千世界《だいせんせかい》・説《せっ》
弁舌をもってあまねく三千大千世界《さんぜんだいせんせかい》を覆《おお》い、まことの教えを説きたもうて曰《いわ》く、「お前た
誠實言《じょうじつごん》・汝等衆生《にょとうしゅじょう》・當信是稱讃《とうしんぜしょうさん》・不可思議功《ふかしぎく》
ち衆生よ、まさに阿弥陀如来《あみだにょらい》の不思議な徳をほめ讃《たた》え、全てのみ仏によって護《まも》り念じら
徳《どく》・一切諸佛《いっさいしょぶつ》・所護念經《しょごねんぎょう》・
れることを説くこの経を信ぜよ」と。

舍利弗《しゃりほっ》・下方世界《げほうせかい》・有師子佛《うししぶつ》・名聞佛《みょうもんぶつ》・名光佛《みょうこうぶつ》・
舎利弗よ、下の方にも師子仏《ししぶつ》・名聞仏《みょうもんぶつ》・名光仏《みょうこうぶつ》・達摩仏《だつまぶつ》・法幢仏《ほうどうぶつ》・持法仏《じほうぶつ》など、ガン

達摩佛《だつまぶつ》・法幢佛《ほうどうぶつ》・持法佛《じほうぶつ》・如是等《にょぜとう》・恆河沙數諸《ごうがしゃしゅしょ》

ジス川の沙《すな》の数ほど多くのみ仏たちがおのおのその国において、広く長い舌、つまり力

佛《ぶつ》・各於其國《かくおごこく》・出廣長舌相《すいこうじょうぜっそう》・徧覆三千《へんぷさんぜん》・大千世《だいせんせ》

づよい弁舌をもってあまねく三千大千世界《さんぜんだいせんせかい》を覆《おお》い、まことの教えを説きたもうて曰《いわ》く、

界《かい》・説誠實言《せつじょうじつごん》・汝等衆生《にょとうしゅじょう》・當信是稱讚《とうしんぜしょうさん》・不可思《ふかし》

「お前たち衆生よ、まさに阿弥陀如来《あみだにょらい》の不思議な徳をほめ讃《たた》え、全てのみ仏によって護《まも》り

議功德《ぎくどく》・一切諸佛《いっさいしょぶつ》・所護念經《しょごねんぎょう》・

念じられることを説くこの経を信ぜよ」と。

舎利弗《しゃりほつ》・上方世界《じょうほうせかい》・有梵音佛《うぼんのんぶつ》・宿王佛《しゅくおうぶつ》・香上佛《こうじょうぶつ》・

舎利弗よ、上の方にも梵音仏《ぼんのんぶつ》・宿王仏《しゅくおうぶつ》・香上仏《こうじょうぶつ》・

香《こう》光《こう》佛《ぶつ》・大《だい》焔《えん》肩《けん》佛《ぶつ》・雜《ざっ》色《しき》寶《ほう》華《け》嚴《ごん》身《しん》佛《ぶつ》・娑《しゃ》羅《ら》樹《じゅ》
香光仏《こうこうぶつ》・大焔肩仏《だいえんけんぶつ》・雑色宝華厳身仏《ざっしきほうけごんしんぶつ》・娑羅樹王仏《しゃらじゅおうぶつ》・
王《おう》佛《ぶつ》・寶《ほう》華《け》徳《とく》佛《ぶつ》・見《けん》一《いっ》切《さい》義《ぎ》佛《ぶつ》・如《にょ》須《しゅ》彌《み》山《せん》佛《ぶつ》・如《にょ》
宝華徳仏《ほうけとくぶつ》・見一切義仏《けんいっさいぎぶつ》・如須弥山仏《にょしゅみせんぶつ》など、
是《ぜ》等《とう》・恆《ごう》河《が》沙《しゃ》數《しゅ》諸《しょ》佛《ぶつ》・各《かく》於《お》其《ご》國《こく》・出《すい》廣《こう》長《じょう》舌《ぜっ》相《そう》・
ガンジス川の沙《すな》の数ほど多くのみ仏たちがおのおのその国において、広く長い舌、つま
徧《へん》覆《ぷ》三《さん》千《ぜん》・大《だい》千《せん》世《せ》界《かい》・説《せつ》誠《じょう》實《じつ》言《ごん》・汝《にょ》等《とう》衆《しゅ》生《じょう》・當《とう》
り力づよい弁舌をもってあまねく三千大千世界《さんぜんだいせんせかい》を覆《おお》い、まことの教えを説きたもうて曰《いわ》
信《しん》是《ぜ》稱《しょう》讃《さん》・不《ふ》可《か》思《し》議《ぎ》功《く》徳《どく》・一《いっ》切《さい》諸《しょ》佛《ぶつ》・所《しょ》護《ご》念《ねん》
く、「お前たち衆生よ、まさに阿弥陀如来《あみだにょらい》の不思議な徳をほめ讃《たた》え、全てのみ仏によって

經《ぎょう》・
護《まも》り念じられることを説くこの経を信ぜよ」と。
舍《しゃ》利《り》弗《ほっ》・於《お》汝《にょ》意《い》云《うん》何《が》・何《が》故《こ》名《みょう》爲《い》・一《いっ》切《さい》諸《しょ》佛《ぶつ》・所《しょ》
舍利弗よ、そなたはどう考えるか、何故に（この経を）全てのみ仏によって護《まも》り念じられ
護《ご》念《ねん》經《ぎょう》・舍《しゃ》利《り》弗《ほっ》・若《にゃく》有《う》善《ぜん》男《なん》子《し》・善《ぜん》女《にょ》人《にん》・聞《もん》是《ぜ》諸《しょ》
ることを説く経と名づけるかを。舍利弗よ、もしも善男善女《ぜんなんぜんにょ》がいて、この諸仏によって
佛《ぶっ》所《しょ》説《せつ》名《みょう》・及《ぎゅう》經《きょう》名《みょう》者《しゃ》・是《ぜ》諸《しょ》善《ぜん》男《なん》子《し》・善《ぜん》女《にょ》人《にん》・皆《かい》
説かれる阿弥陀仏の名、およびその経典の名称を聞く者、これら善男善女たちはみな一切
爲《い》一《いっ》切《さい》諸《しょ》佛《ぶつ》・共《ぐ》所《しょ》護《ご》念《ねん》・皆《かい》得《とく》不《ふ》退《たい》轉《てん》・於《お》阿《あ》耨《のく》
の諸仏に共に護《まも》り念じられ、みな無上の悟りに向かって退いたりくじけたりしないもの

多羅・三藐三菩提・是・故・舍利弗・汝等・皆・當・信

<ruby>多<rt>た</rt></ruby><ruby>羅<rt>ら</rt></ruby>・<ruby>三藐<rt>さんみゃく</rt></ruby><ruby>三<rt>さん</rt></ruby><ruby>菩<rt>ぼ</rt></ruby><ruby>提<rt>だい</rt></ruby>・<ruby>是<rt>ぜ</rt></ruby>・<ruby>故<rt>こ</rt></ruby>・<ruby>舍利弗<rt>しゃりほつ</rt></ruby>・<ruby>汝等<rt>にょとう</rt></ruby>・<ruby>皆<rt>かい</rt></ruby>・<ruby>當<rt>とう</rt></ruby>・<ruby>信<rt>しん</rt></ruby>

となることが出来る。この故に、舍利弗よ、汝等はみなまさに私の言葉および諸仏の説か

受我語・及・諸佛所説・舍利弗・若有人・已發願・

<ruby>受<rt>じゅ</rt></ruby><ruby>我<rt>が</rt></ruby><ruby>語<rt>ご</rt></ruby>・<ruby>及<rt>ぎっ</rt></ruby>・<ruby>諸<rt>しょ</rt></ruby><ruby>佛<rt>ぶっ</rt></ruby><ruby>所<rt>しょ</rt></ruby><ruby>説<rt>せつ</rt></ruby>・<ruby>舍利弗<rt>しゃりほつ</rt></ruby>・<ruby>若<rt>にゃく</rt></ruby><ruby>有<rt>う</rt></ruby><ruby>人<rt>にん</rt></ruby>・<ruby>已<rt>い</rt></ruby><ruby>發<rt>ほっ</rt></ruby><ruby>願<rt>がん</rt></ruby>・

れたことを信奉<ruby>信奉<rt>しんぽう</rt></ruby>するべきである。舍利弗よ、もしも阿弥陀仏の国へ生まれんと已に発願

今發願・當發願・欲・生阿彌陀佛國者・是諸人

<ruby>今<rt>こん</rt></ruby><ruby>發<rt>ぽっ</rt></ruby><ruby>願<rt>がん</rt></ruby>・<ruby>當<rt>とう</rt></ruby><ruby>發<rt>ほっ</rt></ruby><ruby>願<rt>がん</rt></ruby>・<ruby>欲<rt>よく</rt></ruby><ruby>生<rt>しょう</rt></ruby><ruby>阿<rt>あ</rt></ruby><ruby>彌<rt>み</rt></ruby><ruby>陀<rt>だ</rt></ruby><ruby>佛<rt>ぶっ</rt></ruby><ruby>國<rt>こく</rt></ruby><ruby>者<rt>しゃ</rt></ruby>・<ruby>是<rt>ぜ</rt></ruby><ruby>諸<rt>しょ</rt></ruby><ruby>人<rt>にん</rt></ruby>

し、いま発願し、やがて発願せんもの、これらの人々はみな、

等・皆得不退轉・於阿耨多羅・三藐三菩提・於

<ruby>等<rt>とう</rt></ruby>・<ruby>皆<rt>かい</rt></ruby><ruby>得<rt>とく</rt></ruby><ruby>不<rt>ふ</rt></ruby><ruby>退<rt>たい</rt></ruby><ruby>轉<rt>てん</rt></ruby>・<ruby>於<rt>お</rt></ruby><ruby>阿<rt>あ</rt></ruby><ruby>耨<rt>のく</rt></ruby><ruby>多<rt>た</rt></ruby><ruby>羅<rt>ら</rt></ruby>・<ruby>三藐<rt>さんみゃく</rt></ruby><ruby>三<rt>さん</rt></ruby><ruby>菩<rt>ぼ</rt></ruby><ruby>提<rt>だい</rt></ruby>・<ruby>於<rt>お</rt></ruby>

<ruby>無上正等覚<rt>むじょうしょうとうがく</rt></ruby>（仏の悟り）に向かって退いたりたじろいだりせず、彼の仏国土に、

彼國土・若已生・若今生・若當生・是・故舍利弗・

<ruby>彼<rt>ひ</rt></ruby><ruby>國<rt>こく</rt></ruby><ruby>土<rt>ど</rt></ruby>・<ruby>若<rt>にゃく</rt></ruby><ruby>已<rt>い</rt></ruby><ruby>生<rt>しょう</rt></ruby>・<ruby>若<rt>にゃく</rt></ruby><ruby>今<rt>こん</rt></ruby><ruby>生<rt>じょう</rt></ruby>・<ruby>若<rt>にゃく</rt></ruby><ruby>當<rt>とう</rt></ruby><ruby>生<rt>しょう</rt></ruby>・<ruby>是<rt>ぜ</rt></ruby>・<ruby>故<rt>こ</rt></ruby><ruby>舍利弗<rt>しゃりほつ</rt></ruby>・

すでに生まれ、あるいは今生まれ、あるいはやがて生まれるであろう。この故に舍利弗よ、

仏説阿弥陀経

諸《しょ》善《ぜん》男《なん》子《し》・善《ぜん》女《にょ》人《にん》・若《にゃく》有《う》信《しん》者《じゃ》・應《おう》當《とう》發《ほつ》願《がん》・生《しょう》彼《ひ》

善男善女たちで、もしも私の教えを信ずる者は、まさに彼の阿弥陀如来の浄土に生まれ

國《こく》土《ど》・

んとの願いを発《おこ》すべし。

舎《しゃ》利《り》弗《ほつ》・如《にょ》我《が》今《こん》者《じゃ》・稱《しょう》讃《さん》諸《しょ》佛《ぶつ》・不《ふ》可《か》思《し》議《ぎ》功《く》徳《どく》・

舎利弗よ、私が今、諸仏の不思議な徳をほめ讃えるように

彼《ひ》諸《しょ》佛《ぶっ》等《とう》・亦《やく》稱《しょう》説《せつ》我《が》・不《ふ》可《か》思《し》議《ぎ》功《く》徳《どく》・而《に》作《さ》是《ぜ》

彼の諸仏らも亦、私の不思議な徳をほめ讃えて、このように言《いわ》く、

言《ごん》・釋《しゃ》迦《か》牟《む》尼《に》佛《ぶつ》・能《のう》爲《い》甚《じん》難《なん》・希《け》有《う》之《し》事《じ》・能《のう》於《お》娑《しゃ》

「釈迦牟尼仏《しゃかむにぶつ》はよく甚だ難しく希有《けう》のことを為《な》す。よく、娑婆

婆《ば》國《こく》土《ど》・五《ご》濁《じょく》惡《あく》世《せ》・劫《こう》濁《じょく》見《けん》濁《じょく》・煩《ぼん》惱《のう》濁《じょく》・衆《しゅ》生《じょう》濁《じょく》・

世界の五濁悪世《ごじょくあくせ》、すなわち劫濁《こうじょく》、見濁《けんじょく》、煩悩濁《ぼんのうじょく》、衆生濁《しゅじょうじょく》、

命《みょう》濁《じょく》中《ちゅう》・得《とく》阿《あ》耨《のく》多《た》羅《ら》・三《さん》藐《みゃく》三《さん》菩《ぼ》提《だい》・爲《い》諸《しょ》衆《しゅ》生《じょう》・

命濁《みょうじょく》の中にありながら、無上正等覚（仏の悟り）を開き、もろもろの衆生のためにこの、

説《せつ》是《ぜ》一《いっ》切《さい》世《せ》間《けん》・難《なん》信《しん》之《し》法《ほう》・舍《しゃ》利《り》弗《ほっ》・當《とう》知《ち》我《が》於《お》・

どの世界でも信じ難い（ほど有難い）教えを説く」と。舎利弗よ、当《まさ》に知れ、私は五濁悪世

五《ご》濁《じょく》惡《あく》世《せ》・行《ぎょう》此《し》難《なん》事《じ》・得《とく》阿《あ》耨《のく》多《た》羅《ら》・三《さん》藐《みゃく》三《さん》菩《ぼ》

においてこのような難事をなしとげて、無上正等覚を悟り、世の中のすべての人々のた

提《だい》・爲《い》一《いっ》切《さい》世《せ》間《けん》・説《せっ》此《し》難《なん》信《しん》之《し》法《ほう》・是《ぜ》爲《い》甚《じん》難《なん》・佛《ぶっ》

めに、この信じ難い（ほど尊い）教えを説いたのである。これは甚だ難しいことだ』。

説《せつ》此《し》經《きょう》已《い》・舎《しゃ》利《り》弗《ほつ》・及《ぎっ》諸《しょ》比《び》丘《く》・一《いっ》切《さい》世《せ》間《けん》・天《てん》人《にん》

阿《あ》脩《しゅ》羅《ら》等《とう》・聞《もん》佛《ぶっ》所《しょ》ー説《せつ》・歡《かん》喜《ぎ》信《しん》受《じゅ》・作《さ》ー禮《らい》而《に》ー去《こ》

次第にゆっくり

仏（釈尊）がこの経を説き終わると、舎利弗および比丘たち、あらゆる世界の神々も人も阿修羅なども釈尊のお説きになられたことを聞き、よろこんで頂き、礼を作《な》して立ち去った。

佛《ぶっ》説《せつ》阿《あ》彌《み》陀《だ》經《きょう》〇

鏧一声

出音ハ調ミ

● 南無阿弥陀仏
なーまーんだーぶー
磬一声○

南無阿弥陀仏
同音 なーまーんだーぶー

南無阿弥陀仏
なーまーんだーぶー

南無阿弥陀仏
なーまーんだーぶー

南無阿弥陀仏
なーまーんだーぶー

南無阿弥陀仏
なーまーんだーぶー

南無阿弥陀仏
なーまーんだーぶー
磬一声○

回向 <ruby>回<rt>え</rt></ruby><ruby>向<rt>こう</rt></ruby>

出音ハ調ミ

● <ruby>願<rt>がん</rt></ruby>以此功徳
<ruby>願<rt>ねが</rt></ruby>わくは<ruby>此<rt>こ</rt></ruby>の<ruby>仏<rt>みほとけ</rt></ruby>の<ruby>功徳<rt>くどく</rt></ruby>をば

<ruby>平<rt>びょう</rt></ruby><ruby>等<rt>どう</rt></ruby><ruby>施<rt>せ</rt></ruby><ruby>一<rt>いっ</rt></ruby><ruby>切<rt>さい</rt></ruby>
同音
<ruby>平等<rt></rt></ruby>に<ruby>一切衆<rt>いっさいしゅ</rt></ruby>生に分かち、<ruby>生<rt>じょう</rt></ruby>

<ruby>同<rt>どう</rt></ruby><ruby>発<rt>ほっ</rt></ruby><ruby>菩<rt>ぼ</rt></ruby><ruby>提<rt>だい</rt></ruby><ruby>心<rt>しん</rt></ruby>
<ruby>同<rt>ともども</rt></ruby>に<ruby>信心<rt>しんじん</rt></ruby>をいただいて

<ruby>往<rt>おう</rt></ruby><ruby>生<rt>じょう</rt></ruby><ruby>安<rt>あん</rt></ruby><ruby>楽<rt>らっ</rt></ruby><ruby>国<rt>こく</rt></ruby>
○
<ruby>仏<rt>みほとけ</rt></ruby>の国に<ruby>往生<rt>おうじょう</rt></ruby>しよう。
磬三声
○

御《ご》文《ぶん》章《しょう》

「御《ご》文《ぶん》章《しょう》」

今から五百年余り前、本願寺第八世、蓮如上人《れんにょしょうにん》が数十年にわたって各地の門信徒宛に認《したた》められた書簡《しょかん》集で、全部で二百数十通あります。浄土真宗《じょうどしんしゅう》のみ教えを簡潔・平易に説き示されもので、み教えの普及に大きな役割を果たしました。のちに第九世、実如《じつにょ》上人の時代に特に大切なもの八十通が五帖《ごじょう》にまとめられ、以来今日まで、様々な法要《ほうよう》、勤行《ごんぎょう》に際して拝読されてまいりました。なお現在は「御文章ひらがな版」として、この中から三十数通が選抜され、本山などでは、それを一日から三十一日までの晨朝勤行に引き続き一通ずつ順次拝読されています。五帖のほかに上人が八十四歳の夏にご述作の「夏御文章《げのごぶんしょう》」五通と、親鸞聖人のご生涯やみ教えを略述した「御《ご》俗姓《ぞくしょう》」があり、夏の御文章は五月十五日から八月十五日に至る間、日没勤行（正午）にこれを順次拝読、「御俗姓」は報恩講の逮夜法要に拝読されます。それ以外の百数十通は、「帖外御文章《じょうがいごぶんしょう》」と呼ばれます。

御《ご》文《ぶん》章《しょう》（聖人一流章《しょうにんいちりゅうしょう》）

〔原文〕

聖人一流《しょうにんいちりゅう》の御勧化《ごかんけ》のおもむきは・信心《しんじん》を《の》もつ《ッ》て本《ほん》とせられ候《そうろう》、そのゆえは・もろもろの雑行《ぞうぎょう》をなげすてて・一心《いッしん》に弥陀《みだ》に帰命《きみょう》すれば、不可思議《ふかしぎ》の願力《がんりき》として・仏《ぶツ》のかたより往生《おうじょう》は治定《じじょう》せしめたま《も》う、その位《くらい》を・一念発起入正定之《いちねんぽッきにゅうしょうじょうし》

〔口語訳〕

親鸞聖人の（御宗派《ごしゅうは》の）お導《みちび》きの主旨《しゅし》は、信心《しんじん》こそが根本《こんぽん》だとされています。何故《なぜ》かと言うと、さまざまな自力《じりき》の修行《しゅぎょう》をうち捨てて、ひたすら阿弥陀如来《あみだにょらい》におまかせすれば、本願の不思議な力によって、阿弥陀如来が私たちの浄土往生《じょうどおうじょう》を決定《けつじょう》して下さる。この信心を得た境地《きょうち》を「本当の信心が起こったとき［一念発起《いちねんぽっき》］、浄土往生が正

聚《じゅ》とも釈《しゃく》し、そのうえの称名《しょうみょう》念仏《ねんぶつ》は・如来《にょらい》わが往生《おうじょう》を定《さだ》めたまいし、御恩報尽《ごおんほうじん》の念仏《ねんぶつ》と・こころう引ーべきなり、あなかしこ　あなかしこ

しく決定した人びとの仲間に入らせていただく「入正定之聚《にゅうしょうじょうしじゅ》」とも説明されており、（正定聚《しょうじょうじゅ》に入って）その後の称名念《しょうみょうねん》仏《ぶつ》は、阿弥陀如来が私の浄土往生を決定して下さった御恩への感謝《かんしゃ》の念仏なのだと心得るべきであります。ああ尊《とうと》いことよ、ああ尊いことよ。

御《ご》文《ぶん》章《しょう》（末《まつ》代《だい》無《む》智《ち》章《しょう》）

〔原文〕

末《まッ》代《だい》無《む》智《ち》の・在《ざい》家《け》止《し》住《じゅう》の男女《なんにょ》たらんともがらは、こころをひとつにして・阿《あ》弥《み》陀《だ》仏《ぶッと》をふかくたのみまいらせて、さらに余《よ》のかたへこころをふらず・一心一向《いッしんいッこう》に仏《ぶッ》たすけたまえと申《もう》さん衆生《しゅじょう》をば、たとい罪業《ざいごう》は深重《じんじゅう》なりとも・かなら

〔口語訳〕

末法濁世《まっぽうじょくせ》に生きる、智慧《ちえ》も乏しい、出家《しゅっけ》修行《しゅぎょう》もしないで日々暮らしている人びとは、脇目《わきめ》をふらず、ひたすら阿弥陀如来《あみだにょらい》に深く心を寄せ、全く他の方（神仏や加持《かじ》祈祷《とう》）には心を向けず、一心《いっしん》に、ひたむきに「阿弥陀如来よ、私をお救い下さい」と念じる衆生《しゅじょう》は、たとえどれほど重い罪悪《ざいあく》を犯《おか》した者でも、必ず阿弥陀如来はお救い下

ず弥陀如来《みだにょらい》はすくいましますべし、これすなわち・第十八《だいじゅうはち》の・念仏往生《ねんぶツおうじょう》の誓願《せいがん》のこころなり、かくのごとく決定《けツじょう》してのうえには・ねてもさめてもいのちのあらんかぎりは、称《しょう》名念仏《みょうねんぶ》すべ引きものなり、あなかしこ　あなかしこ

さるのです。これが（『仏説無量寿経《ぶっせつむりょうじゅきょう》』に説かれている四十八願《しじゅうはちがん》の中の）第十八願《だいじゅうはちがん》、すなわち「念仏往生《ねんぶつおうじょう》の願《がん》」の主旨《しゅし》なのです。このように（阿弥陀如来の本願《ほんがん》に対する私どもの信心《しんじん》が）確定《かくてい》したならば、その後は、寝ている時も目ざめているときも、命のある限り、一生涯（南無阿弥陀仏《なもあみだぶつ》、南無阿弥陀仏と）称名念仏《しょうみょうねんぶつ》させていただくべきであります。ああ有難《ありがた》や、ああ有難や。

御《ご》文《ぶん》章《しょう》（白骨章《はっこつしょう》）

〔原文〕

それ、人間《にんげん》の浮生《ふしょう》なる相《そう》を・つらつら観《かん》ずるに、おおよそはかなきものは・この世《よ》の始《し》中終《ちゅうじゅう》・まぼろしのごとくなる一期《いちご》なり、されば、いまだ万歳《まんざい》の人身《にんじんの》を受《う》けたりという・ことをきかず・一生《いっしょう》過《す》ぎやすし、いまにいたりてたれか百《ひゃく》

〔口語訳〕

そもそも人《ひと》の世の浮《う》き草《くさ》のような様相《すがた》を、よく観《み》ていると、何といっても果敢無《はかな》いものは、この世の生から死までの幻《まぼろし》のような一生《いっしょう》であります。だから、これまで、一万年《いちまんねん》も生きた人が居《い》るということを聞いたことがありません。まことに人の一生は、あっという間《ま》に過《す》ぎ去《さ》ってしまいます。このような時代に、一体《いったい》だれが百年の生命《いのち》を

年《ねん》の形体《ぎょうたい》をたもつべきや・われや先《さき》人《ひと》や先《さき》・今日《きょう》ともしらず明日《あす》ともしらず、おくれさきだつ人は・もとのしずくすえの露《つゆ》よりもしげしといえり、されば、朝《あした》には紅顔《こうがん》ありて・夕《ゆうべ》には白骨《はっこっ》となれる身《み》なり、すでに無常《むじょう》の風《かぜ》きたりぬれば・すなわちふたつのまなこたちまちに閉《と》じ・ひとつの息《いき》ながくたえぬれば、紅顔《こうがん》むなしく変じて・桃李《とうり》のよそおい

保つことが出来るのでしょうか。私が先《さき》に死ぬのでしょうか。他人《ひと》が先に死ぬのでしょうか。死の訪《おとず》れは、今日《きょう》かも知れず、明日《あす》かも知れません。遅れて死ぬ人、さきだつ人、いずれにしても死ぬ人の数《かず》は、草《くさ》木《き》の根《ね》もとの滴《しずく》、葉の先端《さき》に宿《やど》る露《つゆ》よりも多いと言われています。だから私たちは、朝《あさ》には元気で居《い》たのに、その日の夕方《ゆうがた》には死んで白骨《はっこつ》となってしまっても、決して不《ふ》思議《しぎ》ではない身《み》の上《うえ》なのです。ひとたび無常《むじょう》（死）の風《かぜ》が吹《ふ》いて来れば、その場で双方《ふたつ》の眼《め》は閉《と》じ、呼吸《いき》が永遠に途《と》

を失《うしな》いぬるときは、六親眷属《ろくしんけんぞく》あつまりて・なげきかなしめども・さらにその甲斐《かい》あるべからず、さてしもあるべきことならねばとて・野外《やがい》におくりて、夜半《よわ》の煙《けむり》となしはてぬれば・ただ白骨《はこツ》のみぞのこれり・あわれというもなかなかおろかなり、されば、人間《にんげん》のはかなきことは・老少不定《ろうしょうふじょう》のさかいなれば、たれの人も・はやく後生《ごしょう》の一大事《いちだいじ》を心《こころ》にか

絶《だ》えてしまったならば、血色《けっしょく》の良かった顔《かお》も変わり果《は》て、桃李《もも》の花のように美しかった姿も消え失《う》せる時は、父母《ふぼ》兄弟妻子《きょうだいさいし》親戚《しんせき》など集まってどれほど嘆《なげ》き悲しんでも、全くどう仕様もありません。仕来りに従わねばならないという訳《わけ》で、野辺《のべ》の送《おく》りをして夜中《よなか》の煙《けむり》としてしまえば、ただ、白《はっ》骨《こつ》だけしか残りません。悲《かな》しいといっても、こんなに悲しいことはありません。

だから、人《ひと》の世は果敢無《はかな》く、老少不定《ろうしょうふじょう》（年長者が少い人より先《さき》に死ぬとは定《きま》っていないこと）の境界《きょうかい》なのですから、だれでも、ど

けて、阿弥陀仏《あみだぶ》を《と》ふかくたのみまいらせて・念仏《ねんぶツ》申《もう》すべ《引》きものなり、あなかしこ　あなかしこ

うぞ一時《いっとき》も早く、後生《ごしょう》の一大事《いちだいじ》（死後《しご》どうなるかという大問題。み仏《ほとけ》の国、お浄土《じょうど》に生まれさせていただく事《こと》）を心がけて、阿弥陀如来に深く帰依《きえ》し、念仏の生活をお送りください。　あ、勿体《もったい》なや、勿体《もったい》なや。

各種法要《かくしゅほうよう》

1 葬儀と、その前後の勤行・法要

生ある者には必ず死が訪れます。諸行《しょぎょう》無常《むじょう》や生者必滅《しょうじゃひつめつ》・会者定離《えしゃじょうり》はこの世の定めです。

一人の人が亡くなられると、後に残った親しい人々が相集って葬儀を営みます。葬儀は故人の人生に相応《ふさわ》しく、後に残った人々の故人に対する深い思いを込めてできるだけ丁寧に営みましょう。お釈迦さまも、父・浄飯王《じょうぼんのう》の柩《ひつぎ》を担がれたとの伝説があるほどです。

以下、葬儀に関して、その前後の一連の勤行法要について、簡略に解説いたしましょう。

①臨終勤行（通夜・枕経）

できれば故人がまだ呼吸のある間に、「阿弥陀経《あみだきょう》」などを読誦して、故人が阿弥《あみ》陀如来《だにょらい》の本願によって必ず極楽浄土《ごくらくじょうど》に往生することを皆で確認しあいます。臨終《りんじゅう》に間に合わない時は、逝去《せいきょ》後の早い時期に、お寺にお知らせして、臨終勤行をお願いしましょう。

②通夜勤行

通夜とは「夜通《よどお》し」という事で、昔は葬儀の日まで幾日も幾晩も、僧侶だけでなく親戚・知友その他の方々が昼となく夜となく次々とお参りし、思い思いに焼香し、読経して、朝を迎えたものです。

お釈迦さまが亡くなられた夜も、お弟子や近くのクシナガラの町の人々が集って、朝までみ教えを味わったと言われています。

現在は一般的に、葬儀の前日の夕刻、故人と縁故の深かった方々が集って通夜勤行をつとめます。故人の遺体がある最後の晩に、故人ともども仏前で夕べの勤行を行うのです。ただ、故人はすでに声も出ません。だから故人に代わって僧侶なり、親族の代表者なりが調声《ちょうしょう》（導師の役目）をいたします。

日常勤行の一種ですから、正信偈《しょうしんげ》・念仏《ねんぶつ》・和讃六首引《わさんろくしゅびき》が本来ですが、「阿弥陀経」でもよく、「往生礼讃偈《おうじょうらいさんげ》」などをおつとめする地方もあります。

③葬　儀

故人の思い出がいっぱい詰まっている家屋やお仏壇、あるいはお寺の御本尊《ごほんぞん》に向かって、御縁の深かった方々と共に、お別れの勤行をし、その後、遺体を荼毘所《だびしょ》に運んで、いよいよ最後の勤行をする。これが「葬儀」です。この際も、故人が日常親しんできた正信偈を中心とした勤行を行います。

但し、葬儀場と荼毘所とが離れている場

合は、葬儀が終わって、荼毘所でいよいよ火葬する直前に、重誓偈《じゅうせいげ》など短い勤行を行います。

④還骨勤行

火葬が終わって遺骨を拾い、その場で拾骨者一同が讃仏偈《さんぶつげ》など短い勤行をいたしましょう。

遺骨が家に帰って来たら、できればお仏壇の傍の床の間などに中陰壇を作り、そこに御本尊としての六字名号《ろくじみょうごう》を奉懸し、法名、遺影と共に遺骨を安置して「阿弥陀経」などのお勤めをし、故人を偲んで御法話の後、御文章《ごぶんしょう》（白骨章《はっこつしょう》）を拝読《はいどく》・聴聞《ちょうもん》します。

⑤中陰法要

私たちは、この世の生命が終わるとき、阿弥陀如来の本願力によって、直ちに極楽浄土に往生させていただいて仏となり、後に残った人々の心に還って来て、人々を導きます。故人の死を縁として、通夜・葬儀などを行い、一度でも二度でも多く、掌を合わせ、お念仏することが出来るのは、すべて故人の導きによるものなのです。

但し仏教の故郷インドでは、人は死後、中有《ちゅうう》（中陰・中蘊《ちゅううん》）という、目に見えない存在になり、一週毎に新たな生命を得る機会がやってくる。その新たな生命がどのようなものであるかは、故人の生前の行いによって決まる。善人は善果（幸せな境涯）を得、悪人は悪果（不幸な境遇）に落ちる。ただ、後に残った遺族が、故人を偲びつつ善行を積めば、それに故人の善行を追加したことになると考えました。これを追善といいます。従って、後に残った人々は、故人が次の生命を得るまでの間、殊に毎週一度は相集って故人を偲び、その追善の意味で法要を勤める。これが中陰法要で広く仏教各宗派でも行われてきました。私たちは即得往生ですから敢えて追善供養の必要はありませんが、しかし親しい人の死を因縁とする聞法の機会として中陰法要を大切に勤めましょう。

なお、昔は中陰の期間は、遺族は肉食を避け、もっぱら精進料理《しょうじんりょうり》をいただいたものです。

しかし、中陰は長くても七×七＝四九日間ですから、中陰の期間が満期になるという意味で、七週目の中陰法要を特に満中陰法要と称し、他の中陰法要よりも丁寧に勤めます。

そして、満中陰法要が終わると中陰壇は取り払い、以後、然るべき時に、大谷本廟や自家の墓地に納骨いたします。なお納骨には何時までに行わねばならないという期限はありません。お仏壇の脇などに、少しだけ御遺骨を残して、故人を偲ぶよすがとされてもよいのではないでしょうか。

2　百か日法要

命日《めいにち》から数えて百日目の法要。

仏壇の荘厳《しょうごん》は白《しろ》（銀）打敷《うちしき》・三具足《みつぐそく》。花は赤色など華麗なものを除くことは中陰法要と同じです。ただし中陰壇はすでにとりはらっています。

院号法名《いんごうほうみょう》は表装して仏壇の内側壁にかけるのが正式です。

3 月忌法要

家々で、朝夕《あさゆう》の礼拝《らいはい》・勤行《ごんぎょう》を行うのが浄土真宗門信徒の心がけであることはいうまでもありませんが、最も一般的な法要として、故人の月々の命日《めいにち》につとめる月忌法要《がっきほうよう》（常逮夜法要《じょうたいやほうよう》）があります。月忌に当たっては、父、母、祖父、祖母など、一人一人の故人の命日に、それぞれ手次《てつぎ》寺《でら》からおまいりに来てもらう習慣の家もあり、それらの中で一番大切な故人の命日を選んで月に一回おつとめする習慣の家庭もあります。また、月忌にお寺からおまいりしない習慣の地方や家もあり、所により家によってまちまちですが、手次寺と相談して、最も適当と思われる方法をきめればよいでしょう。

月忌は、厳密には、命日の前日の逮夜《たいや》（午後）から、当日の日中《にっちゅう》（午前中）にかけてつとめます。しかし、前日と当日、合計二回お寺からおまいりしてもらうのは、お寺にとっても家庭としても時間的その他、負担が大きくなりますから、普通は、どちらか一回ですませます。

但し御本山では、宗祖《しゅうそ》・親鸞聖人《しんらんしょうにん》の月《がっ》忌《き》に当り、十五日のお逮夜から十六日の晨朝《じんじょう》および日中《にっちゅう》にかけて厳重な法要が営まれます。

月忌に際しては、法要の前日、または

当日、お仏壇や仏間を掃除して花を立てかえ、お菓子や季節の果物など、心づくしのお供えをいたします。（お供物《くもつ》を供えるときは打敷《うちしき》をかけるのがお荘厳の原則ですが、お供物と言っても正式の供笥《くげ》（華足《けそく》＝供物を載せる金箔《きんぱく》を押した六角または八角形の台）に盛るのではなく、高杯《たかつき》その他を用いての簡単なお供えですから、月忌の度《たび》に打敷をかける必要はないかと思われます。）法名軸をお仏壇の内壁にかけ、蝋燭《ろうそく》（白）を用意し、経卓《きょうじょく》を出し、リンを仏壇前の座前《ざぜん》（右膝斜前）におき、御文章箱《ごぶんしょうばこ》もお仏壇の向かって左側の、拝読にさいして取上げやすい場所に安置し、お仏飯《ぶっぱん》をそなえるなど、心のこもった準備をいたします。

月忌のおつとめは、「仏説阿弥陀経《ぶっせつあみだきょう》」または「偈文《げもん》（讃仏偈《さんぶつげ》か重誓偈《じゅうせいげ》）」、「短念仏」、「回向」です。

月忌に際して当然のことながら大切なことは、家族ができるだけ多数でおまいりすることです。読経中に別室でお菓子の用意をしたり、御文章拝読のときになってお茶を入れに立ったりするのでは、何のための月忌かわかりません。また、お互いに時間の余裕がある場合は、短時間の御法話《ごほうわ》を聴聞《ちょうもん》し、あるいは日頃の心のなやみや教義上の疑問をうちあけて、正しい信仰生活を深めてゆきたいものです。

なお、この日に、たとえば半日（朝、昼二回）を精進《しょうじん》料理ですますなどの古来の美風は、できれば今後も永く持続したいものであります。

4 祥月法要

毎年一度おとずれる故人の命日《めいにち》のことを祥月《しょうつき》命日と申します。たとえば親鸞聖《しんらんしょう》人《にん》は一月十六日（旧暦十一月二十八日）、蓮《れん》如上人《にょしょうにん》は五月十四日（旧暦三月二十五日）が祥月命日です。御本山では、親鸞聖人の御祥月は、特に御正忌報恩講《ごしょうきほうおんこう》と称して一週間の御法要がつとまります（一〇六～八頁参照）が、各家庭においても、故人の祥月は毎月の月忌よりは一段と厳粛におつとめしたいものです。

祥月法要に当たっての用意としては、月忌の場合と格別に変わるところはありません。ただ特に丁重なおつとめをお願いする場合には、前もってお寺へその旨を依頼しておくべきでしょう。祥月法要には、できれば、お供物《くもつ》・打敷《うちしき》のお荘厳をいたしましょう。

5 年忌（年回）法要

中国やわが国では昔は、年を数えるに当たって一番基本になるのは十干十二支《じゅっかんじゅうにし》の組合せでした。同じ組合せがもう一度もどってくるのが六十一年目で、これを還暦《かんれき》というのですが、仏事《ぶつじ》の場合、逝去《せいきょ》の日から一周年目（一周忌）、二周年目（三回忌）などと共に、十二支が半分だけ終わった七年目（七回忌）、十二支が一まわりした十三年目（十三回忌）、同じく二回りした二十五年目（二十五回忌）、および、三、七など奇数の文字のつく十七年目（十七回忌）、三十三回忌、それに五十回忌、百回忌……といった年まわりが、年忌《ねんき》あるいは年《ねん》回《かい》として、大へん重要な年であると考えられ、故人をしのんで法要が勤修されて来ました。

〈例〉

令和 五 年（二〇二三年）　逝去
令和 六 年（二〇二四年）　一周忌
令和 七 年（二〇二五年）　三回忌
令和一一年（二〇二九年）　七回忌
令和一七年（二〇三五年）　一三回忌
令和二一年（二〇三九年）　一七回忌
（二〇四七年）　二五回忌
（二〇五五年）　三三回忌
（二〇七二年）　五〇回忌
（二一二二年）　一〇〇回忌
（以下五十年ごとに）

右は現在、御本山で定められている年回の年次ですが、このほか二十三、二十七、三十五、三十七……と七、五、三のつく年次に年忌法要をつとめる地方もあります。

これらの年忌には、親戚、知友などをも招待し、或いは手次寺《てつぎでら》の本堂を拝借し、さらには多数の法中《ほっちゅう》（僧侶）を招待するなどして盛大な法要をつとめる家庭もあります。しかし、単に人があつまればよいというわけではありません。一人一人が心をこめておまいりすることが、なによりも大切です。なお、法要そのものよりも、そのあとの宴会にむしろ重点がおかれているかにみえる場合もあるようです。何年に一度という、そのような機会にこそ、心しずかに故人をしのび、これを貴重な聞法の座とするように、皆が心がけねばなりません。

法要にあたっては、仏壇・仏間の清掃はもちろんですが、三回忌までは仏壇の荘厳はほぼ満中陰《まんちゅういん》、百か日までの法要に準じ、仏花《ぶっか》も赤など華麗な色はさけます。

七回忌以後は、戸帳《とちょう》、華鬘《けまん》、揚巻《あげまき》、打《うち》敷《しき》も赤などの華麗な色を用い、供物《くもつ》も花も赤をまじえ、蝋燭《ろうそく》も朱色《しゅいろ》をもちいます。

何のお経をおつとめするかはご住職におまかせするのが普通ですが、一般には「三部経」の中の一巻（故人が男子の場合は「無量寿経《むりょうじゅきょう》」。女子は「観無量寿経《かんむりょうじゅきょう》」、子供は「阿弥陀経《あみだきょう》」）をていねいにおつとめします。

地方により、また法要のスケールによって声明《しょうみょう》（梵唄《ぼんばい》＝難しい曲のついたお経）が依用《えよう》されることもあります。

6　報恩講（お取越し）

宗祖《しゅうそ》親鸞《しんらん》聖人《しょうにん》は弘長《こうちょう》二年十一月二十八日（正午）に御往生《ごおうじょう》になりました。これは新暦で一月十六日に当たるというので、明治初年からは一月九日午後から十六日午前中までの一週間、御本山において聖人の御遺徳を偲んで御正忌報恩講《ごしょうきほうおんこう》がつとまっています。

全国の一般寺院でも、これに倣《なら》って報《ほう》

恩講法要《おんこうほうよう》をつとめますが、更に浄土真宗門徒の一軒一軒が、たとえ先祖の祥月法《しょうつきほう》要《よう》はつとめなくとも、昔から報恩講法要だけは必ず勤めてきました。但し、全部の家庭が同時につとめる訳にはまいりません。それで一般寺院や門徒の報恩講は、前年の秋ごろから次々とおつとめし、できれば年内にそれを完了して、御正忌には、みなが揃って御本山にお参りするのが習慣でした。実際、報恩講こそは、親鸞聖人の遺弟《ゆいてい》として、一人一人が、宗祖の御恩徳《ごおんどく》を讃《たた》え、それに報じたてまつる、浄土真宗だけにある美しい尊い法要なのであります。

報恩講の季節がやって来ると、各家庭ではお仏壇の大掃除をし、輪灯《りんとう》その他の仏具《ぶつぐ》を磨くなど、次第に用意を整えます。

当日は、赤・金など華麗な打敷《うちしき》をかけ、前卓《まえじょく》は五具足《ごぐそく》（蝋燭立《ろうそくたて》、花瓶《かひん》各一対と香炉《こうろ》）にし、仏壇脇の床間《とこのま》には聖人の「御絵伝《ごえでん》」をかけ（前には香卓《こうじょく》・香炉《こうろ》をおく）、御仏飯《おぶっぱん》も聖人《しょうにん》の好物だったと伝えられるお赤飯をおそなえする地方があります。

おつとめに際しては朱蝋燭《しゅろうそく》を点燭《てんしょく》し、「正信念仏偈《しょうしんねんぶつげ》」、「念仏《ねんぶつ》」、「和讃六首引《わさんろくしゅびき》」の勤行。そのあと住職のご法話、御文章拝《ごぶんしょうはい》読《どく》などがあります。終わって一同でお斎《とき》をいただいたり、またその際、近所の子供達をも招待してご馳走し、一緒に〃しんらんさま〃を讃えて、幼い純粋な心にお念仏の教えを植えつけようとして来た地方もあるようです。

近年、浄土真宗は、次第にその特色を失いつつあるという見方もあります。これは全国的に都市化が進み、葬儀その他の法要・儀式も、一宗の伝統や作法を忠実に守ることが困難になって来たことにも原因があるといえましょう。しかし、単に法要・儀式の形式だけでなく、信仰の内容までも、特色――長所・美点――を失うのならば、これは甚だ残念なことと言わねばなりません。年忌法要でも、ややもすれば、仏教界に一般的な単なる祖先崇拝になり、それが聞法求道《もんぼうぐどう》の縁《えん》にならない憾《うら》みがあります。更に、法要といえば年回に限り、念仏者としての誇りでもある報恩講法要がなおざりになりつつあるかもしれません。報恩講法要の有無・盛否が、その地方・家庭の御法義心《ごほうぎしん》の深度を測る目安の一《ひとつ》となると言えないでしょうか。

なお、年一回の報恩講法要の他に、毎月十五日～十六日を宗祖《しゅうそ》の月忌《がっき》として、朝夕《あさゆう》の勤行を重くするなどの習慣・矜持《きょうじ》を保っている地方・家庭もあります。

恩徳讃《おんどくさん》

親鸞聖人　和讃
清水　脩　作曲

穏やかに Moderato ♩= 76
にょ らーい だ いひーの お んどーく は
み をーこに し てーも ほ うずーべ し
し しゅーー ち しーき の お んど く も ー
ほ ーね を くだきても しゃ す べ し

恩徳讃《おんどくさん》

如来《にょらい》大悲《だいひ》の恩徳《おんどく》は
身《み》を粉《こ》にしても報《ほう》ずべし
師主知識《ししゅちしき》の恩徳《おんどく》も
ほねをくだきても謝《しゃ》すべし

食事のことば

〈食前のことば〉

〔合掌〕

●多《おお》くのいのちと、みなさまのおかげにより、
このごちそうをめぐまれました。

同音　深《ふか》くご恩《おん》を喜《よろこ》び、
ありがたくいただきます。

〈食後のことば〉

〔合掌〕

●尊《とうと》いおめぐみをおいしくいただき、
ますます御恩報謝《ごおんほうしゃ》につとめます。

同音　おかげで、ごちそうさまでした。

焼香のしかた ―浄土真宗本願寺派の場合―

①

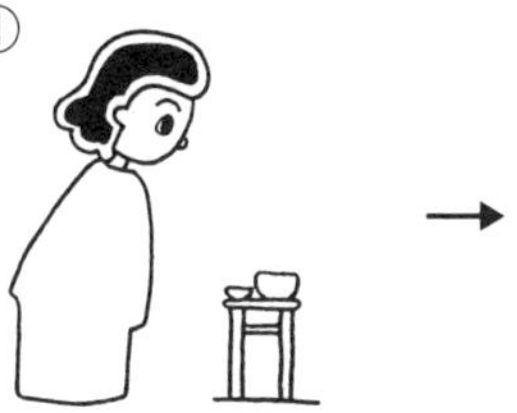

焼香卓（机）の１～２歩
手前で一礼。

②

焼香卓の前に進み、
香をつまみ１回だけ、
いただかずに香炉の
中へ。（出来れば上質
の香を香袋に入れ、各
自持参する）

③

両手を合わせて合掌し、阿弥陀如来さまを仰ぎ見て念仏を数度称える。
念珠は親玉を下に、房または紐を自然に垂らし、両手４指は伸ばして揃え、親指との間に念珠を深く掛け、親指でかるくおさえる。
（合掌以外のとき念珠は左手に持つ）

④

合掌したまま、
上体を前に傾け
礼拝。

⑤

上体をまっすぐ
に戻し合掌をほ
どいて、１～２歩
さがり一礼して、
自席にもどる。

＊編著者紹介＊

豊 原 大 成（とよはら だいじょう）

昭和５年９月〜令和４年１月。京都大学文学部（哲学科・仏教学）卒業、同大学大学院修士課程修了。インド、ベナレス・ヒンズー大学大学院博士課程。
浄土真宗本願寺派元総長、西宮・西福寺前住職。

著書 『親鸞の生涯』『釈尊の生涯』『真宗表白集』一・二（法蔵館）、『浄土真宗本願寺派入門聖典』（鎌倉新書）、『表白文例集』（同朋舎出版）、『建法幢』『仰法幢』（津村別院）、『図譜 声明集』上・下『浄土真宗本願寺派 葬儀・中陰勤行聖典』（聞真会）、『ジャータカのえほん』全５巻『おしゃかさま』全６巻『表白集』一・二『月忌表白集』『三帖和讃ノート 浄土和讃篇』『三帖和讃ノート 高僧和讃篇』『三帖和讃ノート 正像末和讃篇』『正信偈ハンドブック』『お釈迦さま最後の旅と葬儀』『仏弟子ものがたり』（自照社出版）、『浄土真宗本願寺派 日常勤行聖典』『抄訳 佛説無量寿経』『抄訳 佛説観無量寿経』『抄訳 佛説阿弥陀経』（自照社）ほか。

浄土真宗本願寺派
日常勤行聖典――解説と聖典意訳
2012年２月10日　第１刷発行
2023年11月20日　第20刷発行
編著者　豊 原 大 成
発行者　鹿 苑 誓 史
発行所　合同会社 自照社
〒520-0112 滋賀県大津市日吉台4-3-7
tel:077-507-8209 fax:077-507-9926
hp:https://jishosha.shop-pro.jp
印　刷　株式会社 図書印刷 同朋舎
ISBN978-4-910494-04-3 ¥300E

＊本勤行聖典は株式会社自照社出版より
出版権を継承し発行するものです。

自照社のお経本

抄訳三部経

浄土真宗本願寺派
葬儀・中陰勤行聖典
解説と聖典意訳

豊原大成 編著
聞真会 発行

葬儀・中陰の各仏事の意味や作法について詳しく解説、また正信偈・帰三宝偈・重誓偈・御文章等には現代語訳を付す。

B6・176頁
600円+税

仏事・日常勤行
抄訳 **佛説無量寿経**

豊原大成 編訳

B6・84頁
500円+税

仏事・日常勤行
抄訳 **佛説観無量寿経**

豊原大成 編訳

B6・88頁
600円+税

仏事・日常勤行
抄訳 **佛説阿弥陀経**

豊原大成 編訳

B6・50頁
400円+税

和語で「浄土三部経」をいただく、おつとめの新しいかたち。「しんじんのうた」の譜で誦える格調高い《意訳勤行》。詳しい用語解説付き。

〈主な内容〉

三奉請／礼讃文／経段／念仏／和讃／回向句／用語解説

＊各50部以上1割引、100部以上2割引